―― 가장 쉽고 재미있게 배우는 ――
―― 인공지능 첫걸음 ――

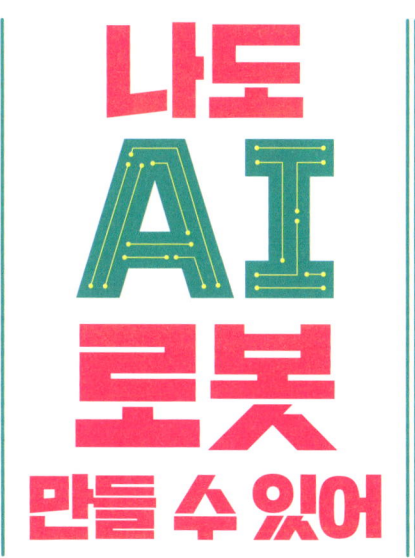

김선미 · 강수현 · 손형석 · 김지희 지음 ㅣ 구덕회 감수

가장 쉽고 재미있게 배우는 인공지능 첫걸음
나도 AI 로봇 만들 수 있어

펴낸날 2020년 12월 10일 1판 1쇄

지은이 김선미, 강수현, 손형석, 김지희
감수 구덕회
펴낸이 김영선
책임교정 이교숙
교정·교열 양다은
경영지원 최은정
디자인 박유진, 현애정
마케팅 신용천

펴낸곳 (주)다빈치하우스-미디어숲
주소 경기도 고양시 일산서구 고양대로632번길 60, 207호
전화 (02) 323-7234
팩스 (02) 323-0253
홈페이지 www.mfbook.co.kr
이메일 dhhard@naver.com (원고투고)
출판등록번호 제 2-2767호

값 18,000원
ISBN 979-11-5874-098-6

- 이 책은 (주)다빈치하우스와 저작권자와의 계약에 따라 발행한 것이므로 본사의 허락 없이는 어떠한 형태나 수단으로도 이 책의 내용을 사용하지 못합니다.
- 미디어숲은 (주)다빈치하우스의 출판브랜드입니다.
- 잘못된 책은 바꾸어 드립니다.

이 도서의 국립중앙도서관 출판예정도서목록(CIP)은 서지정보유통지원시스템 홈페이지(http://seoji.nl.go.kr)와 국가자료공동목록시스템(http://www.nl.go.kr/kolisnet)에서 이용하실 수 있습니다.(CIP제어번호: CIP2020045599)

―― 가장 쉽고 재미있게 배우는 ――
―― 인공지능 첫걸음 ――

나도 AI 로봇 만들 수 있어

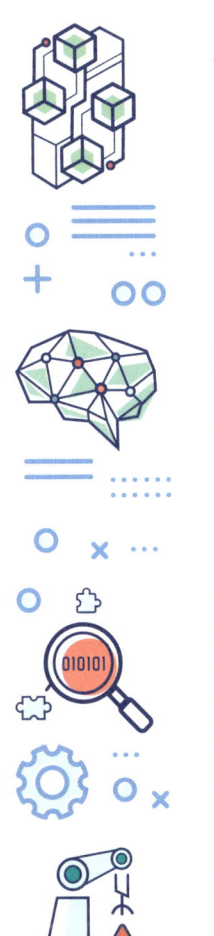

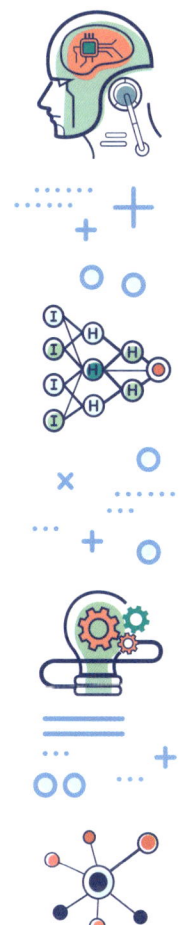

김선미 · 강수현 · 손형석 · 김지희 지음 I 구덕회 감수

미디어숲

추천사

아이들에게 어떻게 인공지능을 가르칠 것인가

바야흐로 인공지능의 시대가 도래했습니다. 컴퓨터 성능의 비약적인 발달로 오래 전부터 상상만 해 오던 머신러닝(기계학습)이 가능하게 된 것입니다. 그 역사는 10여 년 정도로 매우 짧지만 엄청나게 빠른 기술의 발전으로, 많은 업종에서 이미 인공지능을 적용하고 있습니다.

대표적으로 대화형 인공지능인 구글의 어시스턴트, 애플의 시리Siri, 네이버의 클로바 등이 있습니다. 이뿐만이 아니라, 유튜브나 넷플릭스의 사용자 맞춤 동영상 추천도 인공지능을 활용합니다. 쇼핑몰에서 상품을 추천하거나 심지어 이메일에서 스팸 메일을 걸러내는 것도 수년 전부터 인공지능을 사용해 왔습니다.

현재는 인공지능 전쟁 시대라고 해도 과언이 아닙니다. 굴지의 IT 기업들은 인공지능을 연구하고 서비스에 적용하기 위해서 공격적으로 인공지능 전문가들을 채용하고 있습니다. 특히 미국의 대기업들은 자사의 인공지능 기술 발전을 위해 천문학적인 자본을 투입하며 경쟁하고 있습니다. 대학의 컴퓨터공학 전공 과정에서도 인공지능에 대한 관심이 지대하며, 학생들의 진로 선택에서도 인기가 높아지고 있습니다.

이렇게 비약적으로 기술적인 발전은 이루어지고 있지만, 인공지능은 전문가도 이해하기 어려울 정도로 수학적인 이론이 많이 사용되고 시스템 구조 또한 매우 복잡합니다. 이런 인공지능의 동작 원리를 아이들에게 '어떻게 쉽게 가르칠 것인가'는 전 세계의 과제일 것입니다.

특히 앞으로 인공지능 시대의 가장 크게 수혜를 입을, 바꿔 말하면 인공지능을 얼마나 잘 활용하는가에 따라 삶의 질이 크게 바뀔 어린이, 청소년들에게 어떻게 인공지능을 가르칠 것인가가 중요한 숙제가 될 것입니다. 『나도 AI 로봇 만들 수 있어』는 국내에는 다소 부족한 어린이 인공지능 교육에 큰 첫걸음이 될 것이라고 생각합니다.

이 책은 아이들이 놀이처럼 재미있고 쉽게 인공지능을 배울 수 있도록 구성되었습니다. 한 단계씩 그림과 글을 보고 따라 하면 '아하, 인공지능은 이런 식으로 동작하는구나!'라고 생각할 수 있도록 커리큘럼이 짜여 있습니다. 코딩을 모르는 아이들도 프로젝트를 스스로 하나씩 만들어나가다 보면 인공지능의 원리를 이해할 수 있을 것입니다.

스마트 시대에 없어서는 안 될 인공지능을 이해하고 더욱 잘 활용하고자 하는 어린이·청소년들과 학부모·교사들에게 이 책을 추천합니다.

세계해킹대회 입상자 화이트해커 장준호

머리말

미래에 꼭 필요한 능력에는 어떤 것이 있을까

인공지능(AI)이라는 말을 들어본 적이 있나요?

이세돌과 알파고의 대결 이전까지만 해도 '인공지능'이라는 단어는 영화나 과학책 속에 등장했는데 지금은 우리 생활 주변에서 널리 쓰이는 말이 되었습니다. 냉장고, 정수기, 청소기 등 여러 가전제품에서 쉽게 인공지능이라는 말을 찾아볼 수 있지요.

여러분은 인공지능을 무엇이라고 생각하나요? 인공지능은 우리가 매일 대화하는 스피커일 수도 있고 자동으로 운전하는 자동차가 될 수도 있습니다. 우리 집을 깨끗하게 청소해 주는 청소기가 될 수도 있고 이세돌과 바둑을 두었던 알파고가 될 수도 있습니다. 이처럼 인공지능은 다양한 모습으로 변신할 수 있습니다.

초등교육을 연구하는 교사로서 학생들에게 미래에 필요한 능력이 어떤 것이 있을까 여러 가지 고민을 하던 중 '인공지능'에 집중하게 되었습니다. 인공지능이 현재에도 미래에도 꼭 필요한 기술이라고 생각했기 때문입니다.

인공지능이 꼭 필요한 기술이라는 것은 알지만 막상 인공지능을 공부하려고 하면 어떤 것부터 시작해야 할지 막막하기만 합니다. 이 책은 바로 이런 고민에서 시작되었습니다. 초등학생들이 어떻게 쉽게 인공지능에 접근할 수 있을지 연구를 하던 중 미국과 영국 등 다른 나라에서 개발된 인공지능 도구들을 살펴보았습니다. 그중 쉽게 접근이 가능한 프로그램들을 엄선하여 이 책에 담았습니다. 제시된 예시들도 우리 실생활에서 찾아볼 수 있는 내용으로 구성하여 어렵지 않게 실습할 수 있습니다.

　어렵게만 생각했던 인공지능! 여러분도 할 수 있습니다. 여러분에게 이 책이 인공지능의 세계로 나가는 밑거름이 되기를 소망합니다. 인공지능의 세계로 빠져볼까요?

김선미 · 강수현 · 손형석 · 김지희

책의 구성이 궁금해요!

궁금해! 인공지능

첫 장에서는 인공지능의 개념과 머신러닝에 대해 알아봅니다. 이후 쉽고 빠르게 배울 수 있는 인공지능 툴을 가지고 간단한 실습을 합니다.

신기해! 머신러닝 포키즈

머신러닝포키즈 사이트를 알아보고 네 가지 프로젝트를 직접 만들며 인공지능을 체험합니다.

재밌어! 엠블록

엠블록 사이트를 활용하여 세 가지 프로젝트를 만들어 봅니다. 프로젝트를 만들면서 다른 인공지능 도구들과의 차이점도 알아볼 수 있습니다.

도전! 인공지능 만들기

그동안 배운 내용을 이용하여 인공지능 프로그램 만들기 과제에 도전합니다.

1 프로젝트 주제를 확인합니다.

 **좋은 친구 되기**

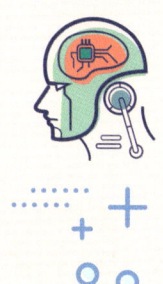

2 학습목표, 준비물, 학습시간, 프로젝트의 특징을 알아봅니다.

학습목표	친구의 말을 판단하여 좋은 말일 경우 다가가고, 나쁜 말일 경우 멀어지는 인공지능을 만들어 봅시다.
준비물	– Machine Learning for Kids – Scratch 3.0
학습시간	30분
프로젝트의 특징	이 프로젝트는 머신러닝포키즈에서 사용할 수 있는 학습 훈련 데이터 중 '텍스트' 데이터를 활용합니다.

3 프로젝트 순서에 맞게 프로그래밍하고 결과를 확인합니다.

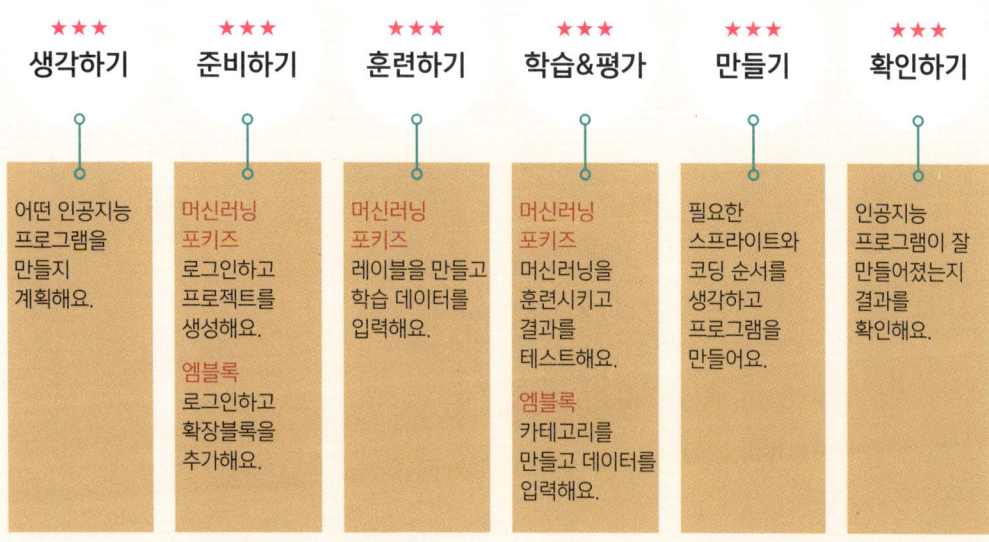

차례

Chapter 1 궁금해! 인공지능

인공지능이란 무엇일까? — 18
퀵드로우(Quick Draw) — 29
오토드로우(Auto Draw) — 36
티처블 머신(Teachable Machine) — 45

Chapter 2 신기해! 머신러닝포키즈

머신러닝포키즈 알아보기 — 64
좋은 친구 되기 — 87
문 열어, 문 닫아 — 111
AI 놀이동산 — 134
나와 닮은 연예인 — 158

재밌어! 엠블록

엠블록 알아보기	**176**
얼굴 인식 도어락	**187**
참참참	**212**
인공지능의 실수	**237**

도전! 인공지능 만들기

스마트 하우스 만들기	**252**
동물 소리 구별하기	**258**
똑똑한 분리배출	**264**

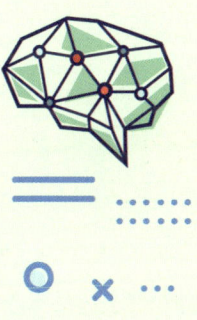

미래 혁신 기술 인공지능(AI)은 무엇일까요?
어떻게 컴퓨터가 인간처럼 지능을 가질 수 있는 걸까요?
인공지능 체험 프로그램으로 원리를 체험하고 직접 만들어 봅시다.
이제부터 여러분도 인공지능 메이커가 될 수 있습니다.

궁금해! 인공지능

인공지능이란 무엇일까?
퀵드로우
오토드로우
티처블 머신

인공지능이란 무엇일까?

- 우리야! 안녕? 나는 인공지능 전문가 티봇이라고 해. 만나서 반가워 ^-^

- 안녕? 티봇! 나도 반가워.

- 너는 인공지능이라는 말을 들어본 적이 있니?

- 많이 들어봤어. 우리 집 에어컨이랑 로봇청소기에 인공지능이라고 쓰여 있어. 그리고 매일 아침 나를 깨워주는 인공지능 스피커도 있어!

인공지능 로봇청소기

네이버에서 제작한 인공지능 스피커

- 맞아. 이 밖에도 우리 생활 속에서 인공지능이 많이 쓰이고 있어. 유튜브나 넷플릭스를 이용해 본 적도 있어?

- 응! 자주 이용해.

- 유튜브에 들어가면 '맞춤 동영상'이 뜨지? 평소에 보던 영상을 분석해서 인공지능이 추천해 주는 거야. 넷플릭스가 영상을 추천해 주는 것도 같은 원리야.
- 그럼 도서나 음악 사이트에서 추천해 주는 것도 인공지능이 하는 거겠네?
- 맞아. 이렇게 콘텐츠를 추천해 주는 것 외에도 자율주행 자동차, 챗봇 등도 모두 인공지능을 이용해.
- 인공지능이 많은 곳에서 사용되고 있었구나!

인공지능의 의미

- '인공지능'은 무슨 뜻일까?
- 음…. 똑똑하다는 말인 것 같은데? 정확한 뜻은 잘 모르겠어.
- 인공지능은 기계가 사람의 두뇌를 닮아 사람처럼 생각하고 행동할 수 있는 지능을 가졌다는 뜻이야. '컴퓨터를 사람의 두뇌처럼 만들 수 있지 않을까?' 하는 생각에서 인공지능에 대한 연구가 시작되었어.
- 사람의 두뇌처럼 만든다고? 가능할까? 컴퓨터는 엄청 똑똑하니까 가능할 수도 있겠네.
- 사람들도 그렇게 생각하고 인공지능에게 사람이 하는 일들을 가르치기 시작했어. 예를 들면 자연스럽게 대화를 하거나, 복잡한 수학 문제를 풀고, 미술 작품을 그리는 것 같은 일 말이야.

- 인공지능이 미술 작품도 그릴 수 있어?
- 할 수 있어! 당연히 연구 초기에는 불가능했지. 하지만 20세기 중반부터 컴퓨터가 급속도로 발전하면서 인공지능에 관한 연구도 빠른 속도로 발전하기 시작했어. 지금은 인공지능이 소설도 쓰고, 음악도 작곡하며, 연극 배우처럼 공연도 해.
- 우와~! 인공지능이 진짜 사람과 비슷해졌다.

튜링 테스트

- 인공지능이 사람처럼 지능을 가졌다면 IQ 테스트도 할 수 있어?
- 인공지능이 얼마나 똑똑한지 알고 싶구나? 인공지능에 대한 IQ테스트는 없지만 '튜링테스트'라는 게 있어.
- 아! 들어본 적 있어. 기계가 인공지능을 가졌는지 확인하는 테스트지?
- 맞아. 영국의 수학자 앨런 튜링이 제안한 인공지능 판별법으로 이 테스트를 통과한 기계는 인공지능을 가졌다고 할 수 있대.

튜링 테스트

1950년 영국의 수학자 앨런 튜링(Alan Turing)은 〈계산 기계와 지성〉이라는 논문에서 처음으로 튜링 테스트에 대해 발표하였습니다. 컴퓨터는 사람처럼 생각을 할 수 있으며, 사람이 컴퓨터와 대화를 나누어 컴퓨터의 반응을 사람의 반응과 구별할 수 없으면 그 컴퓨터는 사람처럼 지성을 가졌다고 생각해야 된다는 것이 앨런 튜링의 생각이었습니다.

앨런 튜링(Alan Turing)
1912. 6. 23.–1954. 6. 7.

이러한 앨런 튜링의 생각을 바탕으로 '튜링 테스트'는 인공지능을 판별하는 기준이 되었지만 앨런 튜링이 구체적인 실험방법과 판별 기준까지 제시한 것은 아니었습니다. 그 후 컴퓨터과학자들은 다양한 방법으로 컴퓨터와 사람이 대화를 나누게 시도했고, 현재는 사람이 서로 보이지 않는 곳에서 다른 사람과 컴퓨터와 대화를 나누어, 누가 사람이고 누가 컴퓨터인지를 구분하는 방법으로 테스트가 진행되고 있습니다.

사람과 컴퓨터를 구분하지 못하거나, 컴퓨터를 사람으로 판단하는 경우가 많아질수록 그 컴퓨터는 인공지능을 가졌다고 판단합니다.

- 처음으로 '튜링 테스트'를 통과한 인공지능도 있겠네?
- 2014년에 영국의 레딩 대학교에서 개발한 '유진 구스트만'이라는 슈퍼 컴퓨터가 처음으로 튜링 테스트를 통과했어.

출처 : 동아 사이언스

- '튜링 테스트'를 통과하는 데 65년이나 걸렸네. 왜 이렇게 오래 걸린 거야?
- 예전에는 컴퓨터의 성능이 좋지 않았거든. 2000년대 들어서 프로그램 처리 알고리즘이 개선되고 딥러닝 기술이 개발되면서 인공지능이 급속도로 발전하기 시작했어.
- 유진 구스트만 슈퍼 컴퓨터에 대해 더 좀 더 알고 싶어!
- '유진 구스트만'의 인물 설정은 우크라이나에 사는 13살 소년으로 만들어졌어. 30명의 사람들과 각각 5분 동안 문자로 채팅하는 방식으로 튜링 테스트를 진행했지. 30명의 사람들 중 3분의 1 이상이 유진 구스트만을 사람으로 생각했기에 튜링테스트를 통과한 거야.
- 대답을 엄청 잘했나 봐. 그런데 5분 동안 대화는 너무 짧다.

- 맞아. 대화 시간도 짧았지만 13살의 우크라이나 소년이라고 생각했기 때문에 영어에 능숙하지 않고 다소 엉뚱한 대답을 해도 어린이니까 그럴 수 있다고 넘어간 부분이 있지.
- 그럼 완벽하게 통과한 건 아니네?
- 그렇다고 할 수 있어. 하지만 최근에 인공지능 기술이 빠른 속도로 발전하고 있으니까 점점 대화만으로는 사람과 구별하기 어려워지고 있어. 앞으로 뉴스나 드라마를 보면서 자기 생각을 이야기하는 인공지능도 나올 거야.

지도학습

- 그런데 인공지능은 어떻게 공부를 하는 거야?
- 오호! 어려운 질문인걸! 인공지능을 공부하게 하는 것을 우리는 '머신러닝'이라고 해.
- 인공지능이 '머신러닝'으로 공부를 한다고?
- 응, 머신러닝의 '지도학습', '비지도학습', '강화학습'의 세 가지 방법으로 공부해. 먼저 '지도학습'부터 알아보자.
- '지도학습'? 누가 지도를 해야 하는 거야?
- 맞아. 사람이 인공지능에 미리 공부할 내용을 가르쳐주고 인공지능이 그 내용을 학습하는 거야.

지도학습 예시

- '지도학습'은 위 사진처럼 사람이 고양이와 강아지를 미리 분류해서 인공지능에게 가르쳐 줘. 그러면 인공지능은 사진을 보면서 고양이와 강아지의 특징을 학습하게 되지.
- 인공지능에게 새로운 사진을 보여줘도 강아지인지 고양이인지 구별할 수 있어?
- 응. 인공지능은 이미 학습한 내용을 바탕으로 새로운 사진도 어떤 동물인지 구별할 수 있어.
- 인공지능도 사람처럼 생각하고 판단할 수 있네.

비지도학습

- 그러면 '비지도학습'에 대해서도 알아볼까?

- '비지도학습'? 그건 안 가르쳐 준다는 건가? '비(非)'가 한자로 '아니다'라는 말이잖아.
- 맞아. 사람이 고양이와 강아지를 일일이 가르치는 대신, 고양이와 강아지 사진을 섞어서 인공지능에게 줘. 그러면 인공지능이 스스로 사진들의 공통점을 찾으면서 고양이와 강아지로 분류하는 거야.

비지도학습 예시

- 인공지능이 스스로 분류를 할 수 있다는 말이야?
- 가능해! 인공지능 기술이 이 정도로 발전했다니까!

강화학습

- 마지막으로 '강화학습'에 대해 알아볼까?
- 강화학습? 단어만 듣고서는 무슨 말인지 모르겠어.
- 강화학습은 컴퓨터에게 아무런 자료도 주지 않아. 대신 해야 할 일을 정해 주고 잘했을 때는 '칭찬'을, 실패했을 때는 '벌'을 주는 거야.
- 어떻게?
- 인공지능에게 목표를 주고 성공하면 '성공'했다고 알려주고 실패했으면 '실패'했다고 알려줘. 이때 성공이라고 알려주는 것이 '칭찬'이고 실패라고 알려주는 것이 '벌'이야.
- '성공'과 '실패'를 알려주면 인공지능은 어떻게 해?
- '성공'이라고 했던 것을 기억해서 더 많이 성공하기 위해 노력하지.
- 그렇게 인공지능이 점점 더 똑똑해지는 거구나.
- 강화학습의 대표적인 예로 알파고를 들 수가 있어.
- 아! 구글에서 만든 인공지능 컴퓨터지? 우리나라 이세돌 9단과 바둑 내기를 해

강화학습 예시

- 서 알파고가 이겼잖아.
- 맞아. 알파고를 학습시킬 때 사람들은 바둑경기에서 이기라는 목표만 정해 줬어. 그리고 이겼을 때는 '성공', 졌을 때는 '실패'라고 알려줬지.
- 그래서 알파고가 이기기 위해 노력했고 점점 바둑을 잘하게 된 거구나.

머신러닝의 필요성

- 인공지능은 참 신기한 방법으로 공부를 하는 것 같아. 그런데 꼭 이런 방법들로 공부해야 해? 머신러닝 없이 코딩만으로만 인공지능을 만들 수는 없는 거야?
- 머신러닝 없이 코딩만으로도 프로그램을 만들 수 있어. 하지만 아주 큰 문제점이 있지.
- 어떤 문제점?
- 코딩만으로 프로그램을 만들면 인공지능은 우리가 입력한 내용밖에 알지 못해. 인공지능의 핵심은 스스로 판단하고 결정을 내려야 하는데 입력한 내용이 아닌 다른 것이 나오면 판단할 수 없게 되는 거야.
- 좀 더 예를 들어서 설명해 줄래?
- 자율주행 자동차가 있다고 생각해 봐. 머신러닝 없이 코딩만으로 만든 자율주행 자동차는 내가 미리 입력했던 길만 갈 수 있어. 새로운 길로 가면 자동차는 운전할 수 없게 돼.

- 머신러닝으로 학습한 자율주행 자동차는 달라?
- 머신러닝으로 자율주행 자동차를 만들면 상황에 따라 자율주행 자동차가 스스로 판단을 내리면서 운전을 할 수 있어. 그래서 새로운 길도 척척 갈 수 있는 거지.
- 스스로 판단을 할 수 있다는 부분이 큰 차이점이구나.
- 사람이 모든 상황을 예상해서 입력할 수 없기 때문에 인공지능은 머신러닝을 통해 학습하는 거야.
- 인공지능은 참 신기한 것 같아. 티봇! 나 인공지능에 대해 더 알아보고 싶어.
- 그래? 그럼 우리 함께 인공지능을 배우러 가볼까?

퀵드로우(Quick Draw)

- 인공지능에 대해 배웠으니 이제 그럼 간단히 체험해 볼까?
- 와~! 신난다. 어떻게 체험해?
- 구글Google에서 사람들이 쉽게 인공지능을 체험할 수 있는 사이트를 만들었어. 퀵드로우, 오토드로우, 티처블 머신 사이트인데 그 중 퀵드로우Quick Draw부터 알아보자.

퀵드로우(Quick Draw)는 구글의 *AI Experiments를 통해 공개된 인공지능 체험 애플리케이션 중 하나입니다. 컴퓨터(AI)가 단어를 제시하면 사용자가 그림을 그리고, 컴퓨터(AI)는 사용자가 그린 그림을 보고 단어를 맞히게 됩니다. 단순히 그림을 그려 맞히는 놀이일 뿐 아니라 제시된 주제에 대해 다른 사람들은 어떻게 표현하였는지, 또 이를 컴퓨터(AI)가 어떻게 학습하였는지도 알 수 있습니다.

*AI Experiments : 그림, 언어, 음악 등을 통해 머신러닝을 쉽게 탐색할 수 있는 간단한 실험을 제공하는 플랫폼. (https://experiments.withgoogle.com/collection/ai)

퀵드로우에는 이미지인식 기술이 적용되었습니다. 현재 딥러닝을 활발하게 사용하고 있는 분야 중 하나가 이미지 인식인데 이미지 안의 특징, 즉 패턴을 파악해서 분석하는 기능을 뜻합니다. 수많은 이미지들 사이의 패턴을 분석해서 빅데이터로 저장하고 있다가 새로운 그림이 주어지면 기존의 데이터와 비교하면서 얼마나 유사한지 평가하고 어떤 그림인지 판단합니다.

이러한 패턴인식 기술과 빅데이터 기술을 이용해 퀵드로우는 사람들이 그린 그림이 무엇인지 맞히게 됩니다.

퀵드로우가 사람들의 그림을 항상 정확히 맞히게 하려면 퀵드로우에게 모든 사람의 그림을 학습시키면 됩니다. 그러나 모든 사람의 그림을 학습시키는 것이 현실적으로 불가능하기에 퀵드로우는 인공신경망 기술을 사용합니다. 인공신경망은 사람 두뇌의 정보처리 과정을 모방하여 만든 알고리즘으로 입력된 정보를 종합적으로 분석해서 판단하고 명령을 내릴 수 있습니다. 퀵드로우의 인공신경망은 사람들이 그린 많은 그림들을 대량으로 학습하고 분류하면서 점점 더 발전해 가고 있습니다.

- 그림 퀵드로우를 시작해 볼까? https://quickdraw.withgoogle.com 로 접속해.
- 첫 번째 단어가 등장했어. 20초 안에 그림을 그리도록 해. 네가 그린 그림을 인공지능이 맞히면 새로운 그림이 나올 거야. 못 맞혀도 20초가 지나면 다음 그림으로 넘어가.

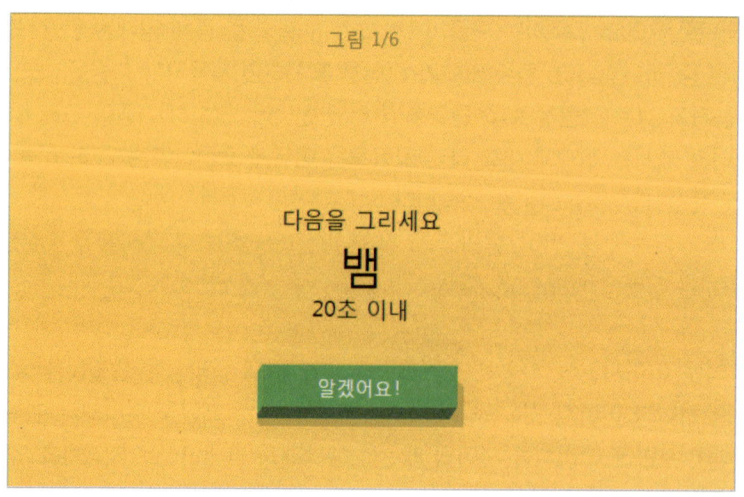

- 그림을 그리는 도중에 퀵드로우가 계속 '알겠어요'라는 말을 하네. 자기의 생각을

계속 말하니 재미있다.

- 오! 퀵드로우가 내 그림을 뱀으로 인식했어!
- 잘 했어~ 그럼 두 번째 제시된 단어를 그려 봐. 이렇게 총 6개의 단어를 그리고 나면 퀵드로우가 결과를 알려 줄 거야.
- 이번에는 내가 크레용을 그렸는데 잘 못 그렸는지 퀵드로우가 전혀 모르겠대.

- 그럼 퀵드로우가 총 6개의 단어 중에서 5개를 맞힌 거네. 정답을 맞힌 그림들 중 하나를 클릭해 봐.

- 퀵드로우가 내가 그린 우편함을 '도끼'나 '정지표지판'과도 닮았다고 생각하네?

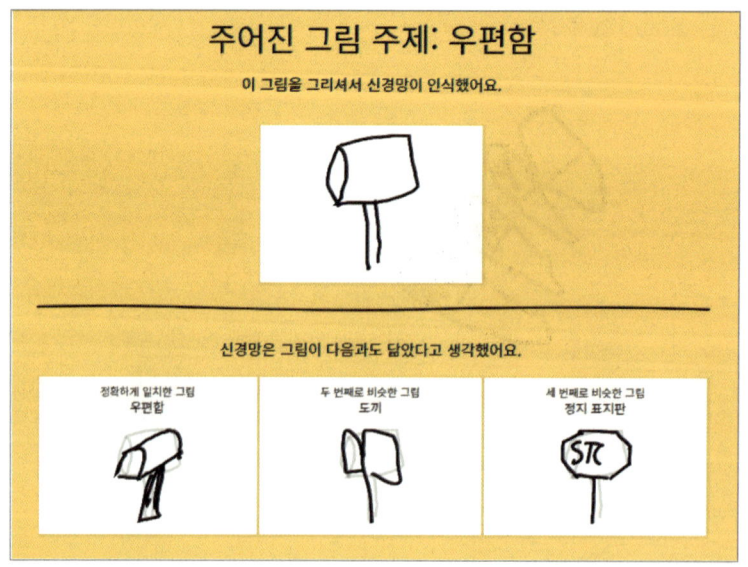

- 맞아. 퀵드로우(신경망)는 네 그림을 도끼나 정지표지판과도 닮았다고 생각했어. 그런데도 우편함이라고 정답을 맞혔지? 다른 사람들 그림과도 비교해서 더 정확한 결과를 찾으려고 했기 때문이야.
- 다른 사람들의 그림을 모두 빅데이터로 저장하고 있는 거야?
- 응, 퀵드로우는 수많은 데이터를 수집하여 저장하고 있어. 이를 분석하여 패턴을 찾고 새로운 그림이 어떤 그림인지 판단하는데 이것을 딥러닝이라고 해.

- 정답을 못 맞힌 그림도 클릭해 볼까? 크레용 그림을 클릭해 봐.
- 난 크레용을 그렸는데 신경망은 손톱, 얼룩무늬 위장, 모기랑 더 비슷하다고 생각했네.

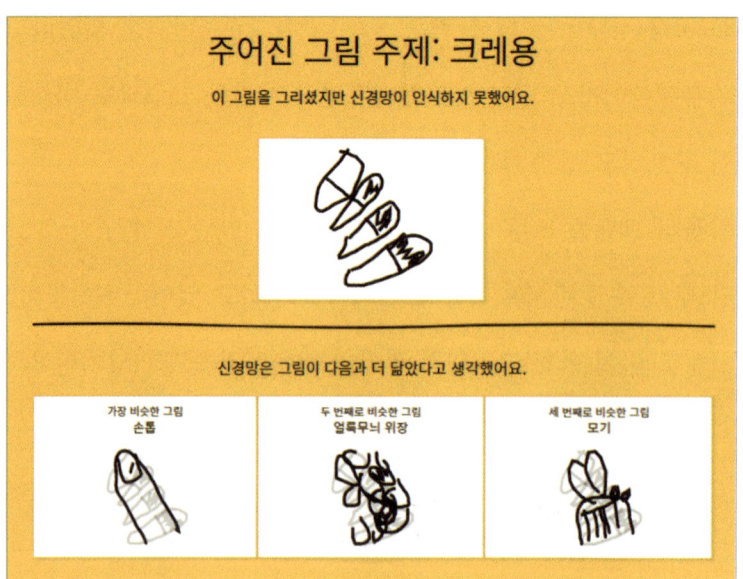

- 사람들은 네 그림을 크레용이라고 생각하겠지만 아직까지 신경망은 정확하게 인식하지 못해. 왜냐하면 다른 사람들이 그린 크레용은 이렇게 생겼거든.

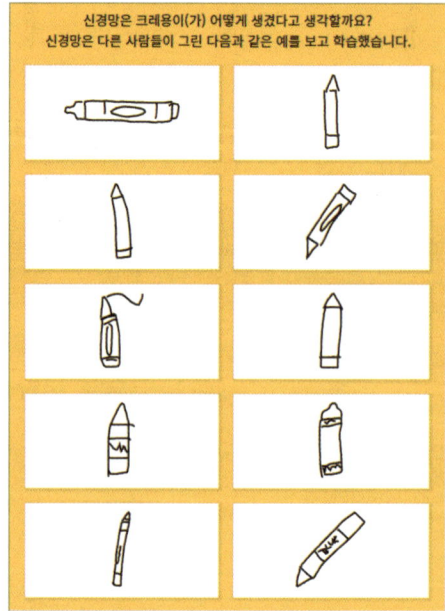

- 신경망이 항상 정답을 찾는 건 아니구나?
- 신경망은 우리가 제공한 데이터에서 패턴을 파악해서 학습해. 사람들이 계속 퀵 드로우를 사용하면 신경망은 더 많은 그림에서 패턴을 찾게 되어 정답을 잘 맞히게 될 거야. 그때는 네 그림을 크레용이라고 바르게 인식하겠지.

- 퀵드로우 사용이 재미있었니? 결과를 트위터나 페이스북으로 공유하거나, '다시 플레이하기' 버튼을 클릭해서 새로운 플레이도 해 봐.
- 신경망이 더 정확한 결과를 찾도록 많이 가지고 놀아야겠다.
- 하하하!

오토드로우(Auto Draw)

- 이번에는 오토드로우 Auto Draw 에 대해 알아보자.
- '자동그리기'라는 뜻이네?
- 맞아! 오토드로우 역시 구글이 인공지능 기술을 이용해서 만든 그림그리기 사이트야.
- 어떤 특징이 있어?
- 사용자가 간단히 그림을 그리면 그 그림들을 추측해서 이미 완성된 도형이나 그림으로 바꿔 줘.
- 흠, 그림을 정확하게 그리지 못해도 된다는 건가?
- 응. 그래서 그림을 잘 그리지 못하는 사람이라도 간단히 원하는 모양만 그릴 수 있으면 자신이 원하는 형태의 멋진 그림을 찾을 수 있어!
- 나는 그림을 잘 그리지 못해서 속상했는데…. 정말 좋은 사이트 같아!
- 우리의 속상한 마음을 확 풀어 주는 똑똑한 사이트지!

> 오토드로우(Auto Draw)는 구글의 AI 기술을 체험할 수 있게 만든 웹 기반 도구입니다. 오토드로우는 인공지능을 이용해 사용자의 스케치를 빠르게 해석하고 완성된 그림의 형태로 바꾸어 줍니다.

> 이를 가능하게 하는 것이 딥러닝 기술인데, 오토드로우는 사용자들이 그림을 그리는 방식, 즉 패턴에 대한 수많은 데이터를 수집하여 이를 분석함으로써 어떤 그림인지를 판단할 수 있습니다.

- 지금부터 오토드로우의 사용법에 대해 설명해 줄게.

  https://www.autodraw.com 에 접속해.

- Start Drawing 을 클릭하면 그리기툴을 바로 시작할 수 있고 Fast How-To* 을 클릭하면 오토드로우 사용법을 볼 수 있어.

> 오토드로우는 PC뿐만 아니라 스마트폰, 태블릿 등 브라우저가 실행되는 다양한 기기에서 모두 사용 가능합니다. 프로그램 설치 없이 인터넷이 연결된 곳이라면 언제, 어디서든 사용할 수 있습니다.

- `Start Drawing`을 클릭해서 오토드로우가 실행된 모습이야. 왼쪽에는 그리기 도구가 있고, 중앙에는 그리기 영역이 있어.

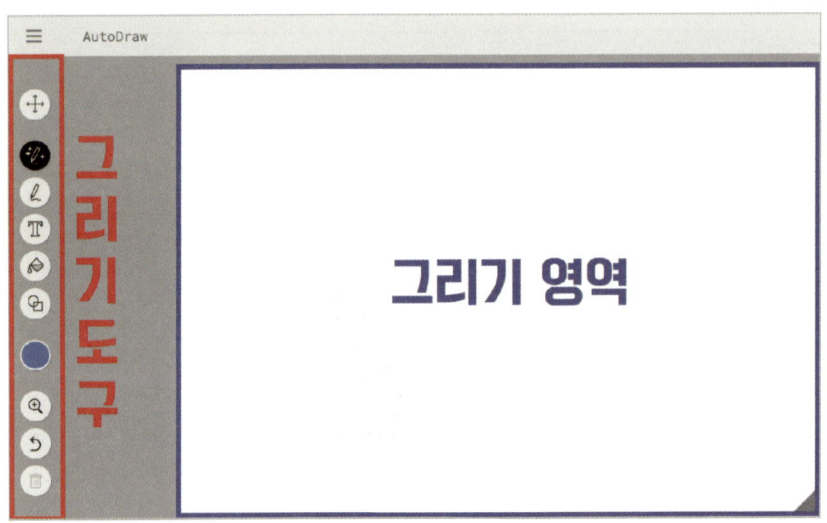

- '그리기 도구'를 먼저 살펴보자. 세로로 있는 도구를 보기 쉽게 가로로 펼쳐놨어.

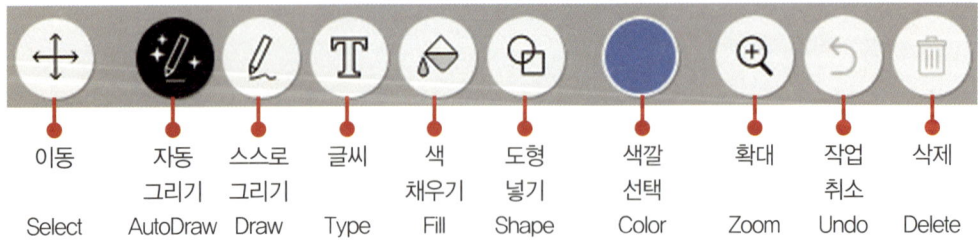

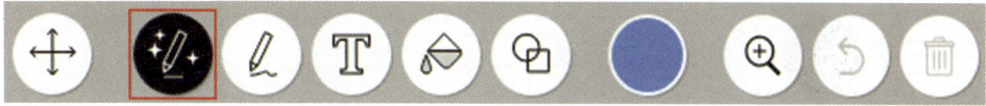

- 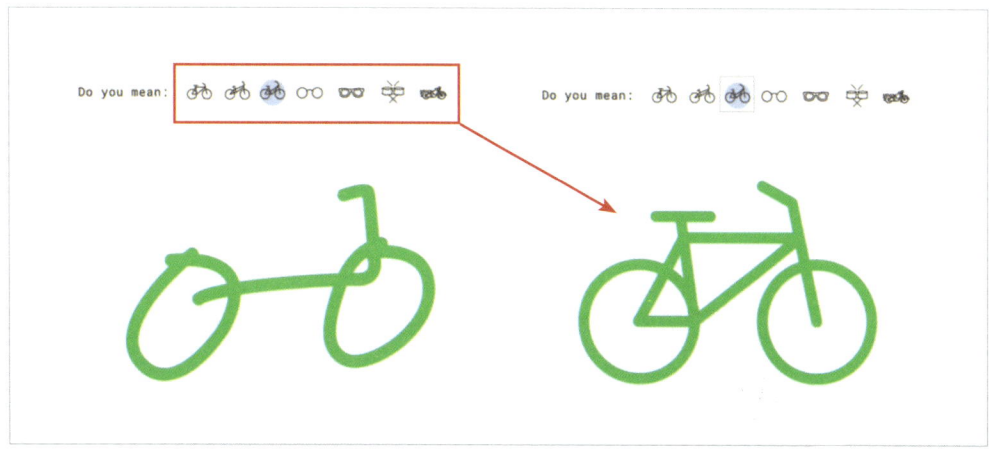 는 자동그리기야. 간단하게 자전거 그림을 그리면 오토드로우가 멋진 자전거 그림을 제시해 줘. 그 중 원하는 그림을 선택하면 돼.

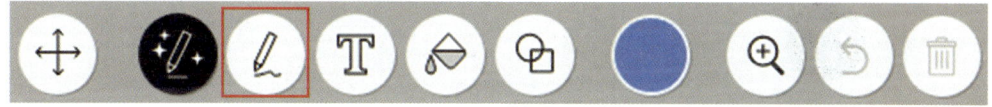

-  는 연필도구로 자유롭게 그림을 그릴 수 있어.

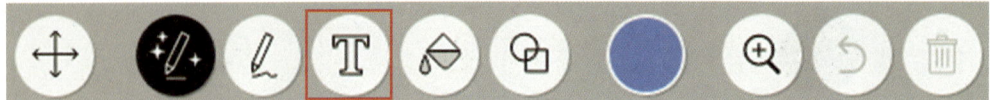

- 는 글씨를 쓸 수 있어. 15가지 폰트가 있으며 글자크기는 8~96까지 조절 가능해.

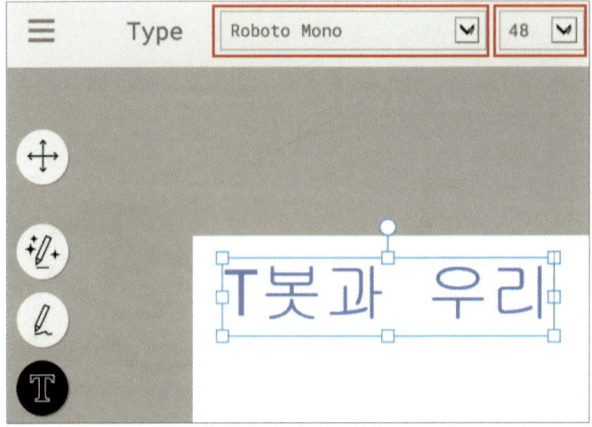

- 는 색깔을 바꿀 수 있어. 40가지의 색이 제공되지.

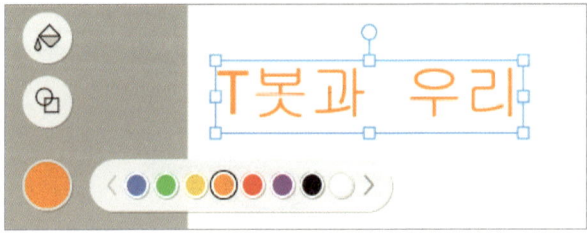

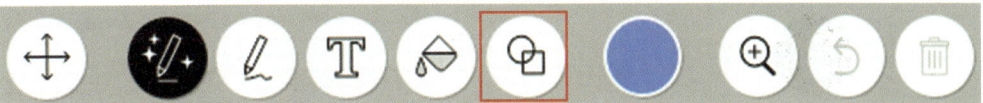

- ⌖ 는 알겠다. 도형을 그릴 수 있네.

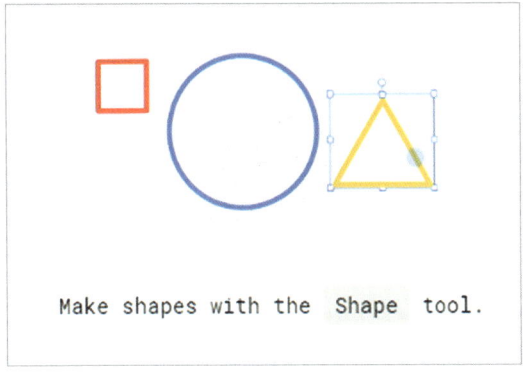

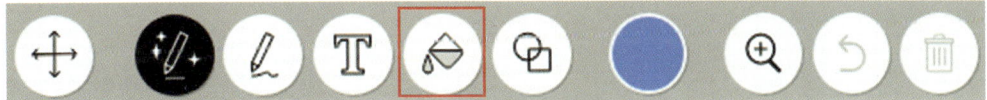

- ⌖ 는 색채우기 도구라고 해. 그림을 예쁘게 색칠할 수 있어. 피자의 색을 채워 볼게!

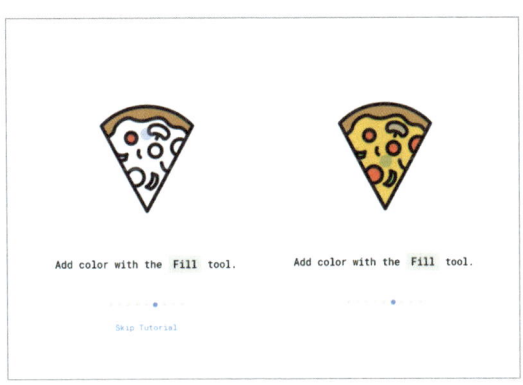

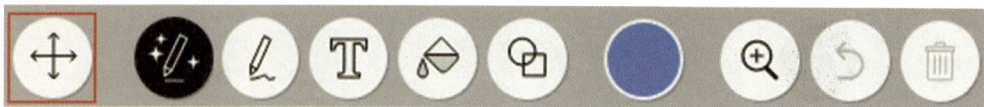

- ✥ 는 그림의 각도, 크기, 위치조절을 해 줘. 이것으로 그리기 도구에 대한 설명은 끝!

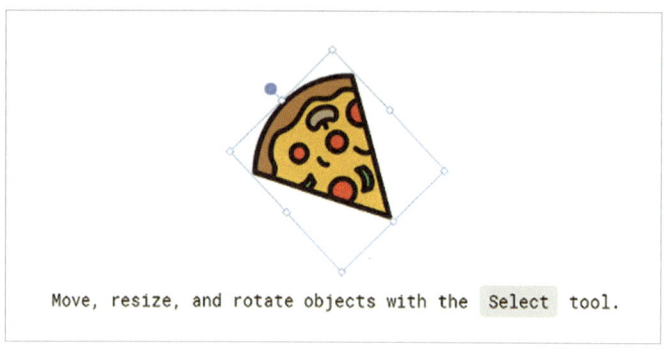

- 이번에는 왼쪽 위에 있는 ≡ 에 대해 알아보자.

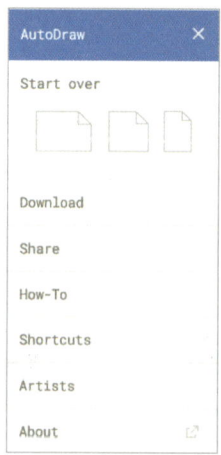

- Start over 는 그리기영역의 모양이나 크기를 바꾸고 싶을 때 사용해. 가로, 세로, 정사각형 모양으로 바꿀 수 있지.

- `Download`는 그림을 PNG 파일로 저장해 줘.

- `Share`는 내가 자주 사용하는 것이네? 그림을 트위터, 페이스북, 구글플러스에 공유할 수 있어.

- `How-To`는 오토드로우의 사용법을 알려 줘. `Shortcuts`에서는 단축키를 알 수 있어.

- `Artists`를 눌러 보니 다양한 그림들이 나타나.

- 거긴 예술가들의 방이야. 세계의 많은 사용자들이 그린 그림들을 제공받을 수 있어. 또한 우리도 새로운 그림을 만들어서 등록할 수 있어.

- 누구나 예술가가 될 수 있는 거네?

- 그렇지. 마지막으로 `About`은 오토드로우를 비롯해 구글에서 제공하는 AI실험에 대해 알고 싶을 때 사용하면 돼.

- 이제 사용법을 나 알았으니 오토드로우로 멋진 그림을 그려 볼까?

- 난 예쁜 토끼를 그려 볼래.

● 오토드로우가 제시한 그림 중 네가 사용하고 싶은 토끼 모양을 고르면 돼.

● 이번엔 멋진 동물원을 그려 볼게.

● 오~ 아주 멋진 동물원이 됐다!
● 오토드로우만 있으면 누구라도 멋진 그림을 만들 수 있겠어!

티처블 머신(Teachable Machine)

- 이번에는 티처블 머신^{Teachable Machine}에 대해 알아보자.

- 티처블 머신? 그게 뭐야?

- 티처블 머신은 구글에서 만든 사이트야. 머신러닝을 쉽게 만들어 볼 수 있는 곳이라고 생각하면 돼.

  티처블 머신은 구글(Google)에서 만든 웹 기반 머신러닝 도구입니다. 티처블 머신에서는 이미지, 오디오(소리), 포즈(동작, 움직임)의 세 가지 학습 훈련 데이터를 활용하여 인공지능을 쉽고 빠르게 만들 수 있습니다. 티처블 머신에서 인공지능을 만드는 단계는 다음의 3단계로 진행됩니다.

  첫 번째는 데이터 수집 단계입니다. 이미지, 포즈(동작, 움직임)를 데이터로 활용할 경우, 웹캠으로 촬영하거나 이미지 파일을 업로드하여 데이터를 수집할 수 있습니다. 오디오를 데이터로 활용하는 경우에는 녹음 또는 오디오 파일을 등록하여 데이터를 수집합니다. 데이터 수집 단계는 인공지능을 만드는 가장 기본적이면서 중요한 단계입니다.

  두 번째는 훈련 단계입니다. 첫 번째 단계에서 수집한 데이터를 바탕으로 인공지능을 훈련시킵니다. 티처블 머신에서는 특별한 프로그래밍 없이 내가 만들고 싶은 인공지능을 훈련시킬 수 있습니다.

> 세 번째는 평가 및 내보내기 단계입니다. 미리 보기 창을 활용하여 인공지능이 제대로 작동하는지 평가할 수 있고, 내가 만든 인공지능 모델을 다른 프로그래밍 언어에서 활용할 수 있도록 내보내기를 할 수 있습니다. 인공지능이 제대로 작동하지 않는다면 이전 단계로 돌아가 인공지능을 좀 더 학습시키면 됩니다. 만들어진 인공지능을 다른 프로그래밍 언어에서 활용하는 것은 난이도가 있으므로, 여기에서는 데이터를 수집하고, 훈련, 평가하는 것에 초점을 맞추어 진행하도록 하겠습니다.

- https://teachablemachine.withgoogle.com 로 들어가서 티처블 머신에 접속해. 티처블 머신은 회원 가입을 하지 않고 바로 사용할 수 있어. Get Started 클릭하면 돼.

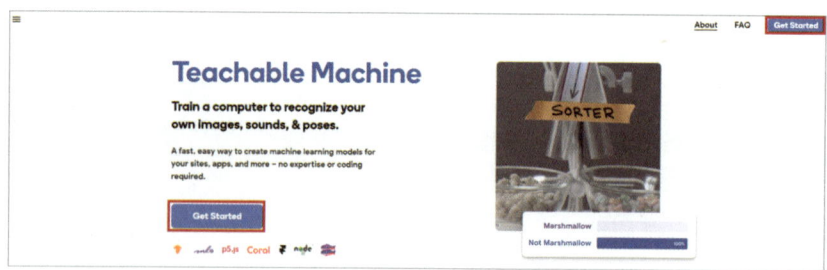

- 새 프로젝트가 있네.

- 'Image Project(이미지 프로젝트)'는 사진과 같은 이미지를 이용하고, 'Audio Project(오디오 프로젝트)'는 소리를 이용하고, 'Pose Project(포즈 프로젝트)'는 동작, 움직임을 이용하는 거야. 하나씩 해 볼까?

Image Project(이미지 프로젝트)

- 'Image Project'에서 무엇을 만들 거야?
- 곰 인형과 돼지 저금통을 구분하는 인공지능을 만들 거야.
- 좋아! 재밌겠다. 'Image Project'로 들어갈게. Class는 뭐야?
- Class는 이미지들의 종류를 뜻해. 우리가 사용할 Class는 '곰 인형'과 '돼지 저금통'이야. ✏️ 를 눌러 class 이름을 바꿔 보자.

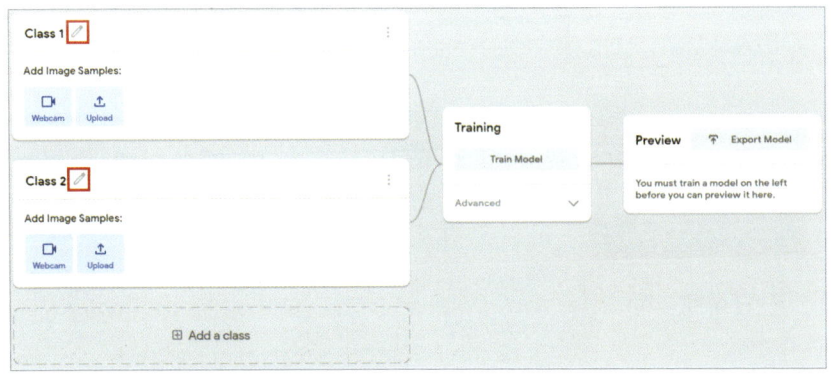

- 'Class1'은 '곰 인형'으로, 'Class2'는 '돼지 저금통'으로 바꿀게.

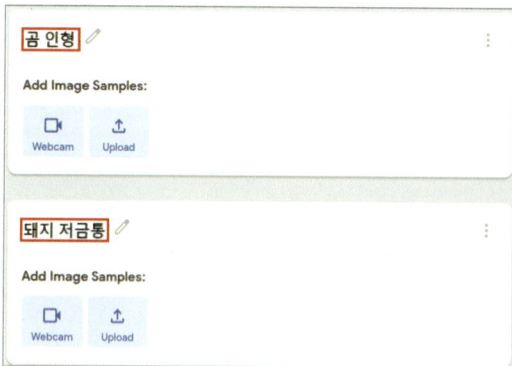

- 이미지는 어떻게 입력해?

- Webcam( )으로 즉석에서 촬영하거나, Upload( )에서 미리 저장해 둔 파일을 이용할 수 있어.

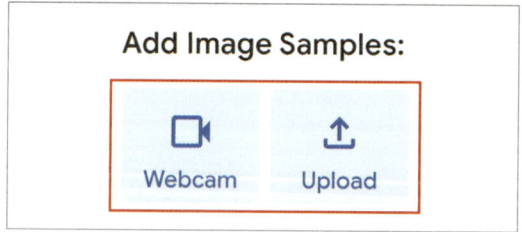

- 먼저 'Webcam'을 활용해 곰 인형 이미지를 등록하자. 웹캠 앞에 곰 인형을 가져가서 Hold to Record 를 꾹 누르면 사진이 계속 촬영돼.

- 굉장히 간단하네.

- ⚙을 눌러 촬영 설정을 변경할 수도 있어.

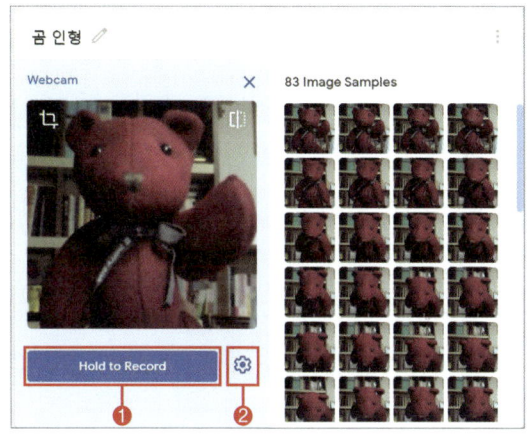

이미지를 입력할 때에는, 정확한 학습을 위해 다양한 이미지들을 제공해 주면 좋습니다. 정면, 측면, 윗면 등 다양한 각도에서 촬영하는 것이 좋습니다. 멀리서 혹은 가까이서 찍는 것도 도움이 됩니다. 또 다른 방법으로는 무엇이 있을지 생각해 봅시다. 인공지능의 정확도를 높이기 위해 최소 150장 이상의 이미지를 촬영해 봅시다.

- 이번에는 'Upload' 방법으로 돼지 저금통 이미지를 올려 볼까? 'Upload'를 클릭하고, 미리 찍어둔 사진들을 드래그해서 옮기면 돼.
- 이렇게 하면 이미지 파일들을 한 번에 올릴 수 있네.

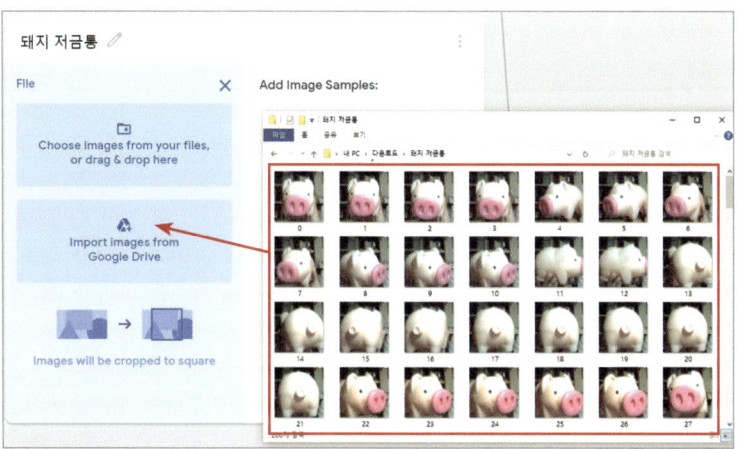

🔍 'Upload'로 이미지를 등록하는 방법에는 총 세 가지가 있습니다.

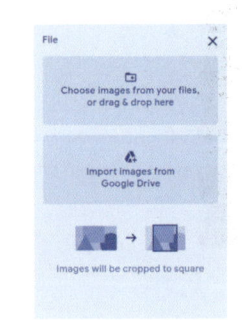

① 폴더에서 이미지 파일을 하늘색 화면 속으로 드래그하면 바로 업로드할 수 있습니다.	② `Choose images from your files, or drag & drop here` 를 클릭하면, 이미지 파일을 선택할 수 있는 창이 생성됩니다. 이 창에서 이미지를 선택하여 업로드합니다.	③ Google 드라이브에 있는 이미지 파일을 가져와 업로드할 수 있습니다.

🔍 이 책에서는 학습자를 위하여 'Webcam', 'Upload' 두 가지 방식을 모두 제시하였습니다. 학습자는 두 가지 중 자신에게 더 편한 방법으로 이미지를 등록하면 됩니다.

- 이미지 입력을 다 했어.
- 이번에는 우리가 등록한 이미지로 인공지능을 훈련시킬 차례야. `Train Model` 을 클릭해 줘.

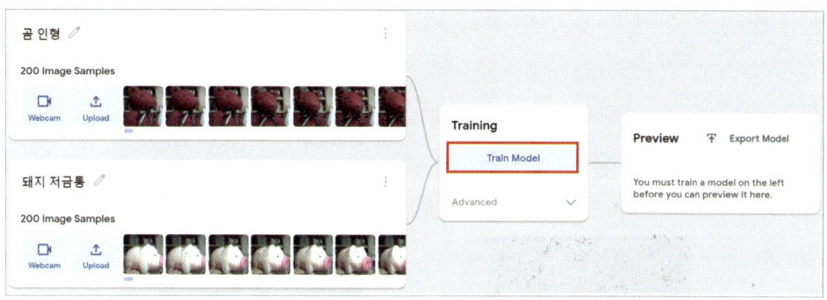

- 새로운 창이 하나 나타나는데?
- 인공지능이 훈련하고 있을 때, 다른 창으로 이동하면 훈련이 멈추니까 화면을 계속 켜두라는 뜻이야. 우리가 공부할 때 옆에서 방해하면 집중이 잘 안 되는 것처럼 말이야.

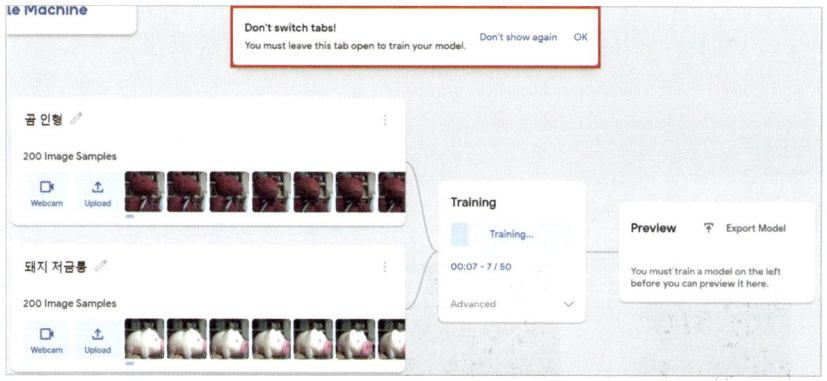

- 훈련이 진행되는 것을 눈으로 볼 수 있어서 좋다. 훈련이 완료되었어!
- 잘 훈련되었는지 볼까? 이번에도 웹캠이나 업로드를 통해 확인할 수 있어.

- 우와~! 웹캠으로 찍으니 곰 인형과 돼지 저금통을 잘 구분해 주고 있어.

- 이번에는 파일로 점검해 보자. 'File'을 선택하고 드래그하면 되지?

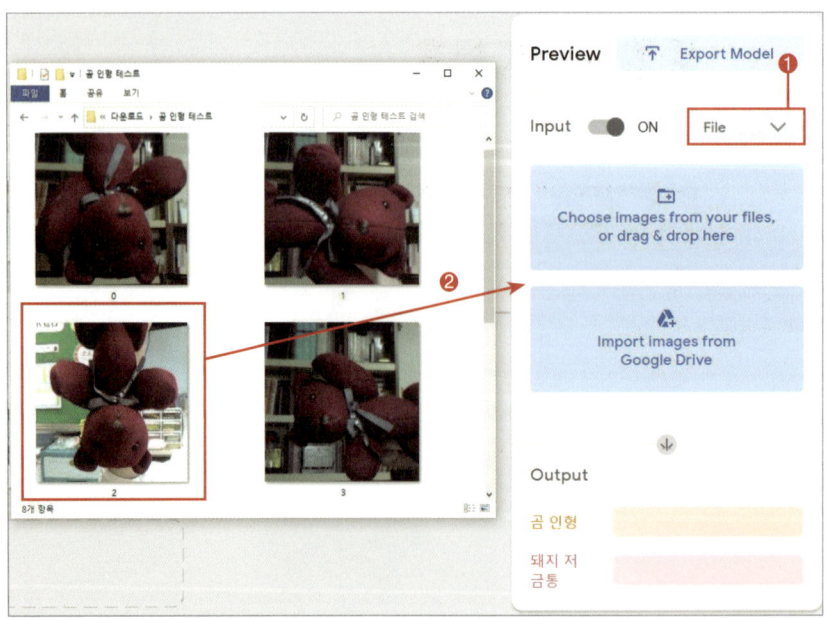

- 여기서도 100%의 정확도로 곰 인형이라고 말해 주네!

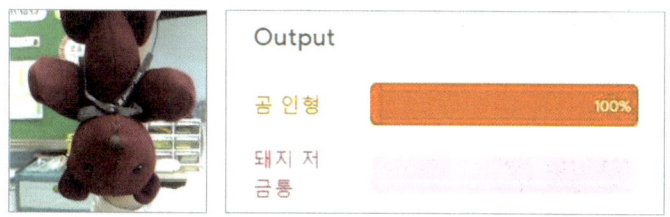

- 티봇 덕분에 'Image Project'가 잘 만들어졌네.

Audio Project(오디오 프로젝트)

- 'Audio Project'는 소리를 활용해서 만드는 인공지능이라고 했지?
- 응, 소리를 활용해서 어떤 인공지능을 만들어 볼까?
- 음…. 목소리를 구별할 수 있는 인공지능을 만들어 보고 싶어!
- 좋아! 우리와 아빠의 목소리를 구별할 수 있는 인공지능을 만들어 보자!

- 오! 재미있겠다! 첫 화면에서 'Audio Project'를 선택하면 되지?

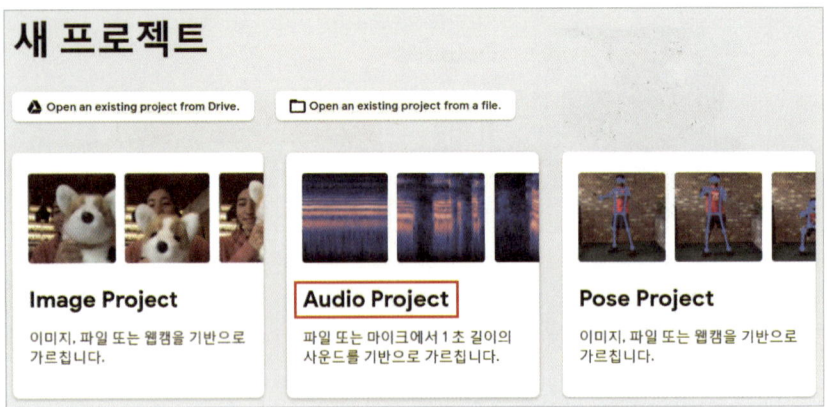

- 'Background Noise'가 있네?

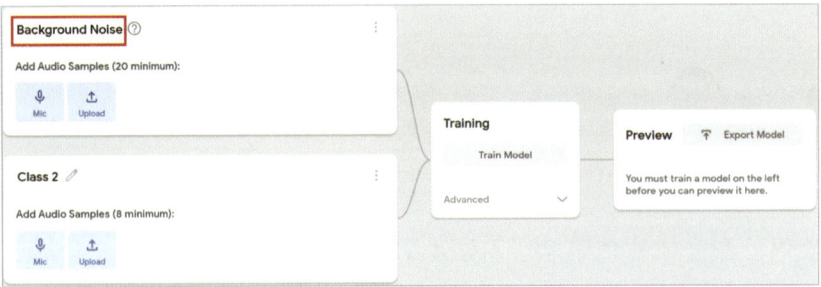

- 'Background Noise'는 배경소음, 그러니까 일상생활에서 기본적으로 발생하는 소리라고 생각하면 돼.

> 컴퓨터가 일상생활 속의 다양한 소리를 데이디로 잘못 인식하는 것을 방지하기 위해 배경소음을 녹음해야 합니다. 만약 배경소음을 녹음하지 않는다면 컴퓨터는 자동차 소리, 음악 소리, 책상 두드리는 소리 등 작은 소음들도 우리와 아빠의 목소리 중 하나로 판단하게 될 것입니다.

- 소리를 입력해야 하니 마이크가 필요하지?

- ![Mic] 를 클릭하면 마이크로 녹음할 수 있어. 또 다른 방법도 있는데 무엇일까?

- 이미지 프로젝트에서 했던 것처럼 ![Upload] 를 클릭하면 미리 준비한 소리 자료를 등록할 수 있어.

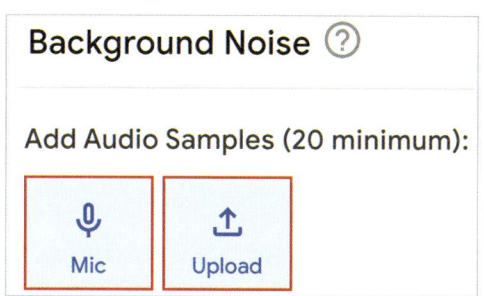

- 정답! ![Mic] 를 클릭해서 배경소음을 녹음해 보자. 특별한 소리를 낼 필요는 없고, 그냥 주변의 소리를 들려주면 돼.

- `Record 20 Seconds` 를 클릭해서 배경소음을 녹음해 볼게. 그 다음은?

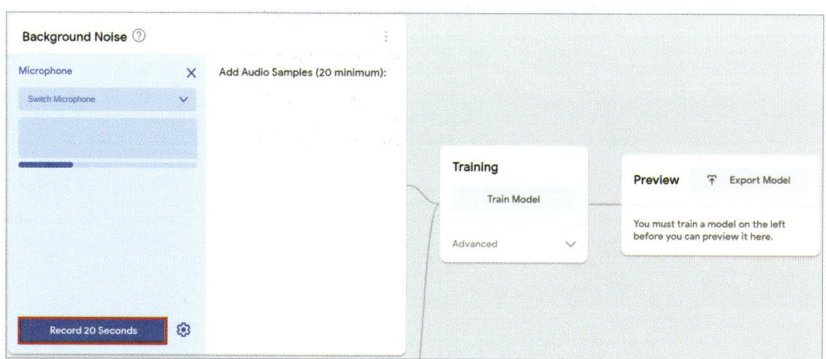

- 20초 동안 녹음된 배경소음을 1초 단위 샘플로 만들 거야. Extract Sample 을 클릭하면 자동으로 샘플이 만들어져.

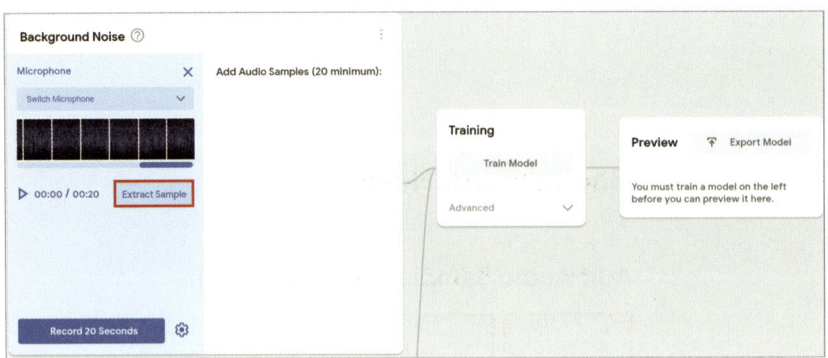

- 혹시 필요한 샘플의 최소 개수가 있어?
- 응, 배경소음의 경우에는 최소 20개의 샘플이 필요해!

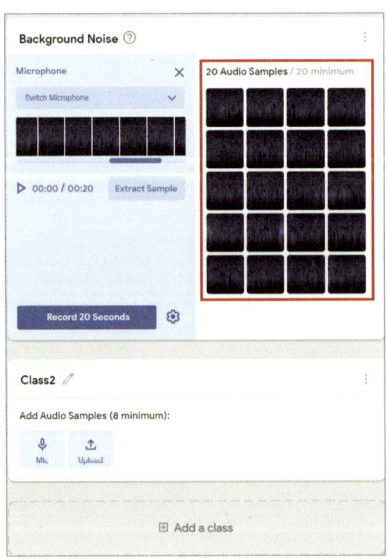

- 배경소음이 녹음되었으니 아빠와 네 목소리를 녹음하자. 아빠와 네 목소리 샘플은 최소 8개 이상 필요해.

- 아빠와 내 목소리를 입력해야 하는데 class가 부족하네. Add a class 를 클릭해서 class를 추가할게.

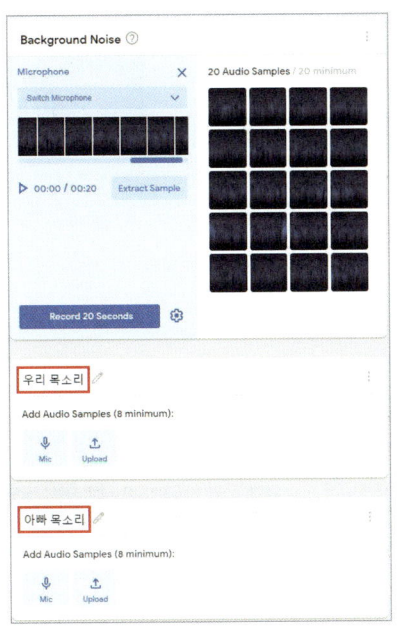

- 내 목소리를 녹음하고 샘플도 만들면 되지?

> 티처블 머신에서 목소리를 녹음할 때는 다양한 말을 사용합니다. "안녕하세요.", "반갑습니다."와 같은 일상적 대화, "아아아아아~"와 같은 표현, 또는 "아빠", "사과", "하늘" 등과 같은 다양한 단어로 녹음하면 티처블 머신이 사람마다 가진 목소리 특징을 더 정확하게 파악할 수 있습니다.

- 를 클릭하면 녹음 설정을 변경할 수도 있어. 샘플을 만들기 전에 를 이용해 녹음한 내용도 들어봐.

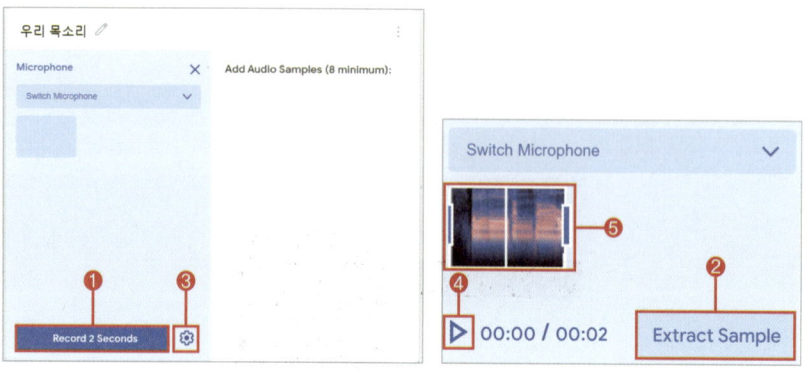

- 아빠와 내 목소리 다 녹음했어.

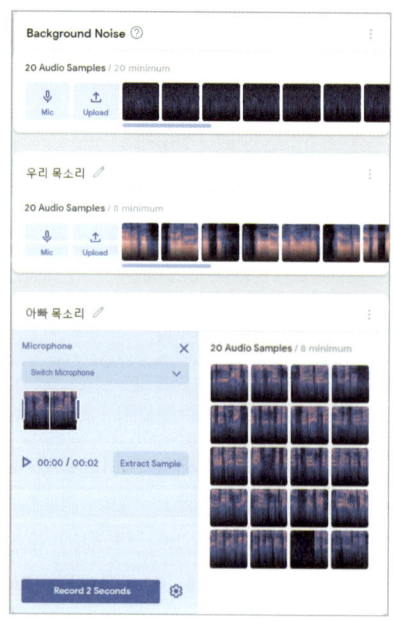

- 소리 녹음을 다 했으니 인공지능을 훈련시키자.
- Train Model 을 클릭해서 훈련시킬게.

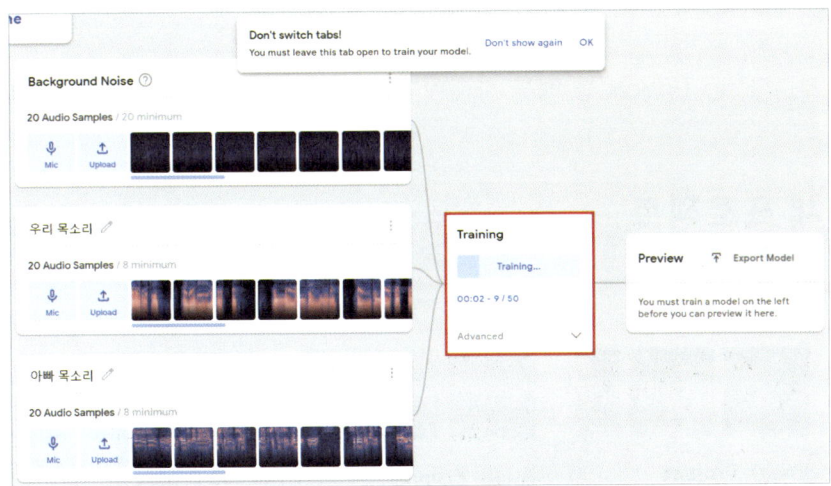

- 마지막으로 인공지능이 잘 작동하는지 살펴보자. 내 목소리와 아빠 목소리를 번갈아 들려 줄게.

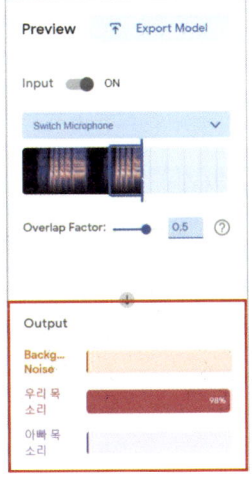 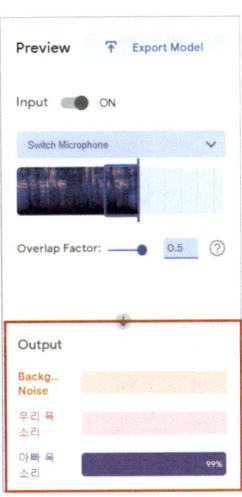

- 아빠 목소리와 우리 목소리 구별 성공!

Pose Project(포즈 프로젝트)

- 이번에는 'Pose Project'를 배울 차례네.

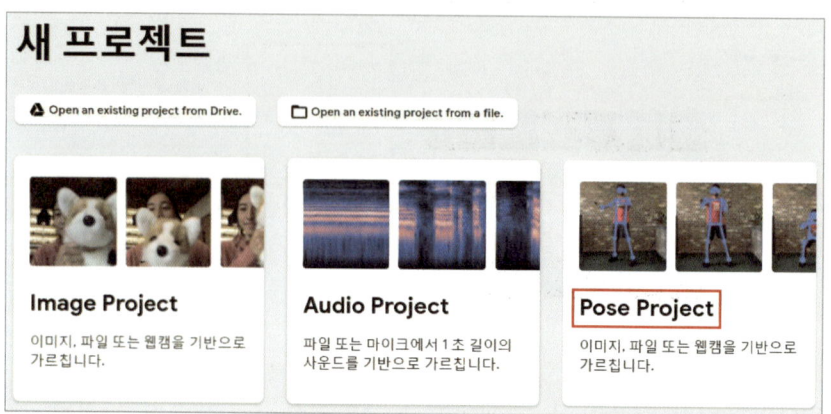

- 포즈 프로젝트는 사람의 움직임을 인식해서 만드는 인공지능이야. 우리 몸의 어깨, 팔꿈치 등 여러 부위를 점으로 인식한 다음 기울기, 올리기, 내리기 등을 인식하는 거야.

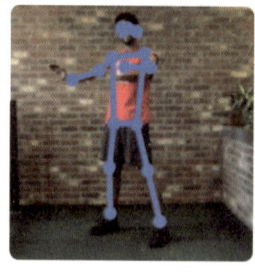 

- 빨리 만들어 보고 싶어.

- 간단하게 오른손을 들었을 때와 왼손을 들었을 때를 구분하는 인공지능을 만들어 보자.
- 먼저 'Class1'과 'Class2'의 이름을 '오른손', '왼손'으로 바꿀게. 그다음에 웹캠으로 내 모습을 찍어서 포즈를 입력시키면 되지?
- 맞아~! 설명해 주지 않아도, 혼자서 척척하네. 오른손을 든 모습과 왼손을 든 모습을 각각 200장 이상씩 입력해 줘.

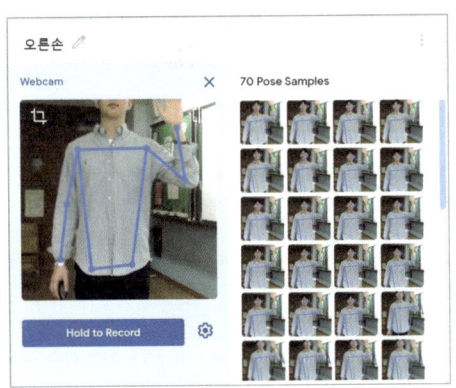 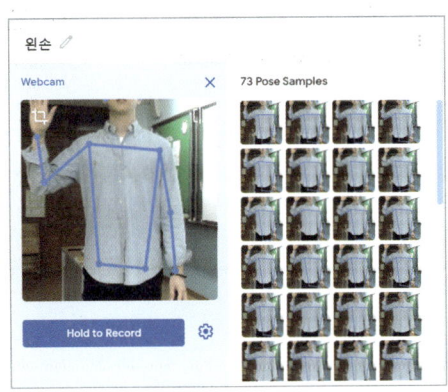

- 포즈 입력이 끝났으니 Train Model 을 클릭해 훈련시켜야지.
- 이때 주의해야 할 점이 있어. 인공지능이 훈련되는 동안에는 인터넷 창을 계속 켜 두어야 해.

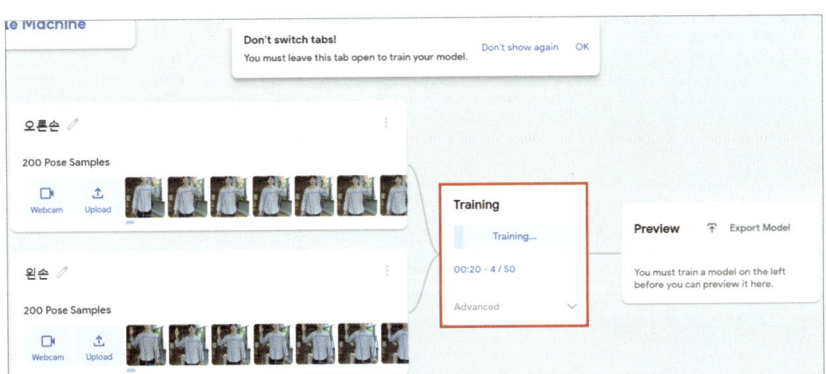

- 훈련이 완료되었어. 결과를 확인해 볼게! 친구도 불러야지!

 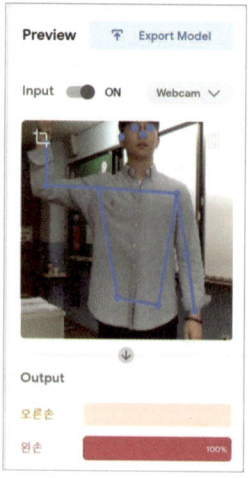 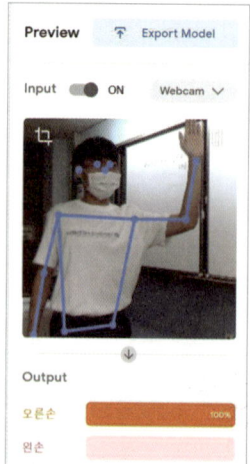

- 우와! 잘 만들어졌다. 어떤 손을 들었는지 정확히 인식하고 있어.
- 재미있는 인공지능 체험이 끝났으니 인공지능 프로젝트를 만들러 가 볼까?
- 좋아, 어떤 프로젝트를 만들지 기대된다!

신기해!
머신러닝포키즈

머신러닝포키즈 알아보기
좋은 친구 되기
문 열어, 문 닫아
AI 놀이동산
나와 닮은 연예인

머신러닝포키즈 알아보기

- 본격적으로 인공지능 프로젝트를 만들기 전에 머신러닝포키즈Machine Learning for Kids에 대해 알아볼까?
- 머신러닝포키즈? 그게 뭐야?
- 머신러닝포키즈는 IBM에서 개발되었는데 어린이들을 위한 인공지능 훈련 사이트야.

만약 어린이가 인공지능 프로그램을 개발한다고 생각해 봅시다. 인공지능 프로그램을 개발하는 과정은 스크래치, 엔트리를 사용하여 프로그래밍하는 것과 비교했을 때 수십 배, 수백 배 이상으로 복잡하고, 굉장한 시간을 요구합니다. 그렇다면 어린이들은 어른이 되어 전문적인 지식을 배울 때까지 인공지능 프로그램을 개발하지 못하는 것일까요? 이러한 어려움을 해결하고자 어린이들이 손쉽게 인공지능 프로그램을 개발할 수 있는 사이트가 만들어졌습니다. 그것이 바로 머신러닝포키즈입니다.

머신러닝포키즈는 IBM 회사의 데일 레인Dale Lane이라는 소프트웨어 개발자가 만들었습니다. Dale Lane은 인공지능 시대에 사는 어린이들이 인공지능을 조금 더 쉽게 이해하고, 개발할 수 있도록 이 사이트를 만들었습니다. 직접 맛보아야 음식을 제대로 이해할 수 있는 것처럼, 어린이들이 직접 고민하고 인공지능 프로그램을 만들어 보면서 인공지능, 그리고 머신러닝에 대하여 이해하기를 바랐기 때문입니다.

머신러닝포키즈는 인공지능을 처음 접하는 사람들도 쉽게 인공지능 프로그램을 만들 수 있도록 해 줍니다. 머신러닝포키즈를 통해서 어린이들은 인공지능의 작동 원리를 알 수 있고 스크래치, 엠블록, 앱 인벤터, 파이썬 등을 통해 직접 만든 인공지능 프로그램을 실생활에 적용해 볼 수 있습니다.

머신러닝포키즈에서는 인공지능 프로그램을 만들 때 텍스트(문자), 이미지, 소리, 숫자 이렇게 네 가지 종류의 학습 훈련 데이터를 사용합니다. 텍스트(문자)를 학습시켜서는 '불 켜줘', '불 꺼줘', '밝음', '어둠'과 같은 문장, 단어를 이해하고 처리할 수 있는 인공지능을 만들 수 있습니다. '이미지'를 학습시켜서는 여러 사진들을 구분할 수 있는 인공지능을 만들 수 있습니다. '소리'를 학습시켜서는 목소리를 구별하거나 음성을 인식하여 동작하는 인공지능을 만들 수 있습니다. 마지막으로 숫자 학습을 통해서는 숫자 데이터를 분석해서 상황을 예측하는 인공지능을 만들 수 있습니다.

- 머신러닝포키즈 사이트에 접속해 보자.

    주소는 https://machinelearningforkids.co.uk 야.

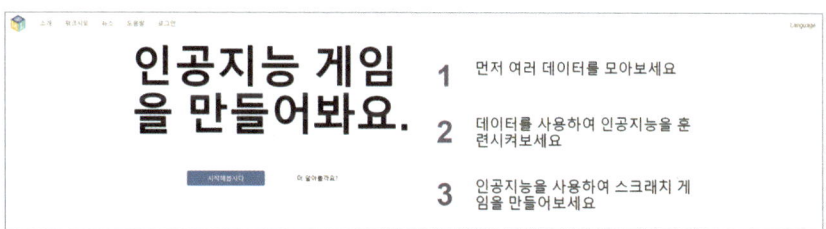

머신러닝포키즈는 인터넷 익스플로러(ⓔ)보다 크롬(◉) 브라우저에 최적화되어 있습니다. 크롬(◉) 브라우저 사용을 권장합니다.

● 머신러닝포키즈를 사용하기 위해서는 5단계의 준비과정이 필요해.

| ① 머신러닝 포키즈 계정 만들기 | ② 머신러닝 포키즈 비밀번호 변경 | ③ IBM Cloud 아이디 생성 | ④ '텍스트' API Key 등록 | ⑤ '이미지' API Key 등록 |

머신러닝포키즈를 사용하기 위해 꼭 계정을 만들 필요는 없지만, 계정을 만들면 다음과 같은 점이 좋습니다.

	지금 실행해 보기	계정 만들기
사용 가능한 학습 훈련 데이터	텍스트, 숫자, 소리	텍스트, 이미지, 숫자, 소리
만들 수 있는 프로젝트 개수	1개	여러 개
프로젝트 저장 및 불러오기	불가능	가능

머신러닝포키즈 계정 만들기

● 계정을 만들기 위해서 '로그인'이나 '시작해 봅시다'를 클릭해.

- '계정 만들기'도 클릭하면 되는 거지?

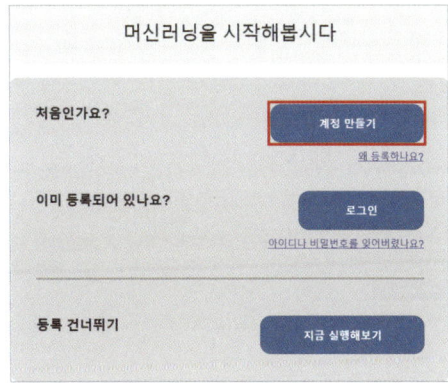

- 계정 만들기에는 두 가지 종류가 있어. 지금은 '교사 혹은 코딩 클럽의 리더'로 계정을 만들 거야.

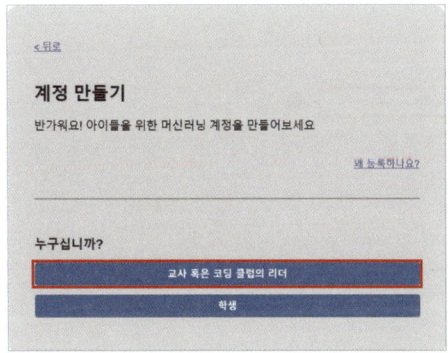

혼자서 인공지능을 만들고 훈련시킬 경우에는 교사 혹은 코딩 클럽의 리더 를 선택합니다. 학급에서 선생님과 함께 수업할 때는 학생 을 클릭하여 선생님께 계정을 요청합니다.

- 여기서도 '계정 만들기'를 클릭하면 되지?

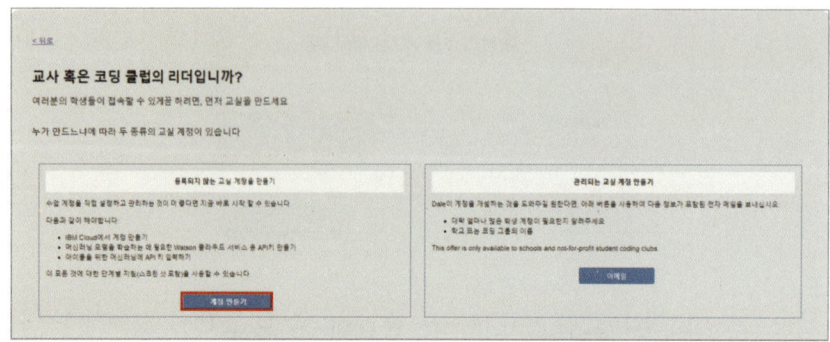

- 그리고 '이름', '이메일 주소'를 입력하고 아래의 상자에 체크해.

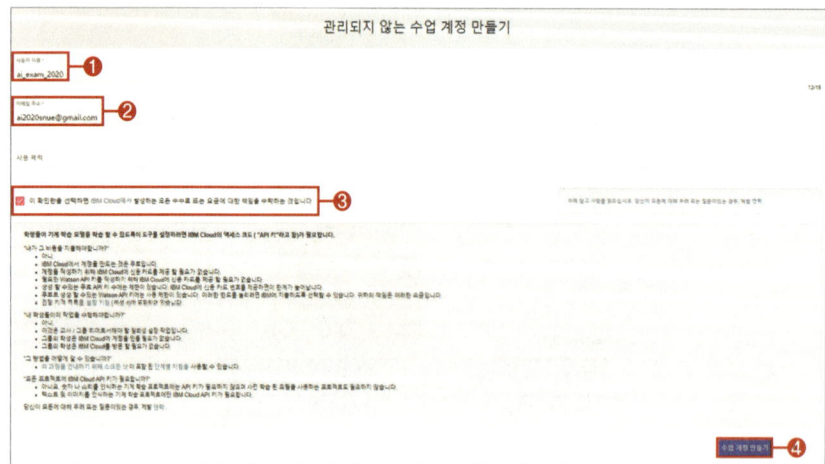

'사용자 이름'은 '영어'로 입력해야 합니다. 이메일 주소로 머신러닝포키즈 가입 확인 메일이 발송되기에 자신이 현재 사용하고 있는 이메일 주소를 입력합니다.

- 비밀번호가 자동으로 만들어졌네. 그런데 너무 복잡해.

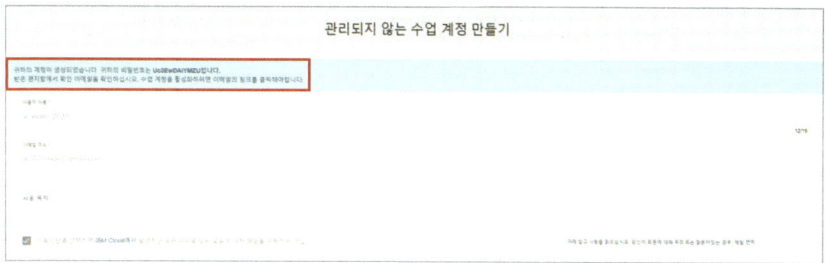

- 계정 만들기가 끝나면 비밀번호를 변경할 수 있어. 먼저 아까 입력했던 이메일 주소로 들어가 볼까?
- 메일이 하나 와있어!

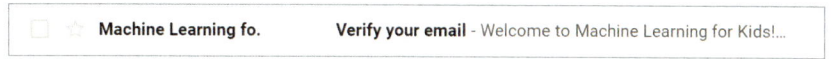

- 계정 만들기를 확인하는 메일이야. 'Confirm my account'를 클릭해.

- 클릭하니 새로운 창이 하나 생겼어.

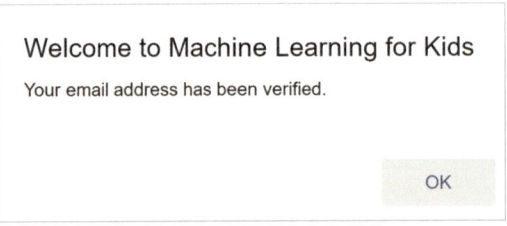

- 머신러닝포키즈 계정 만들기가 끝났다는 뜻이야.

머신러닝포키즈 비밀번호 변경

- 계정을 만들었으니 비밀번호를 변경하자. 아까 비밀번호가 너무 복잡했지?

- 그래서 기억도 안 나.
- '로그인'이나 '시작해 봅시다'를 클릭한 다음, '아이디나 비밀번호를 잊어버렸나요?'를 클릭해서 비밀번호를 변경할 수 있어.

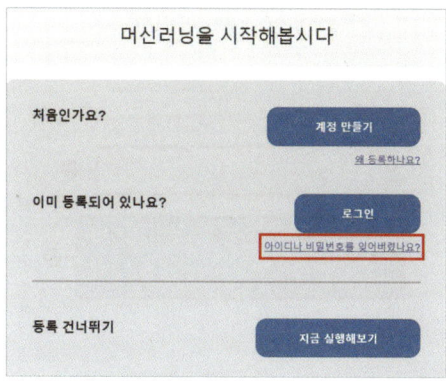

- 우리가 계정을 만들 때 사용했던 '교사 혹은 코딩 클럽의 리더'를 클릭해.

- 여기서 비밀번호를 변경할 수 있구나. 내 메일 주소를 입력하고 보내기 버튼을 누를게.

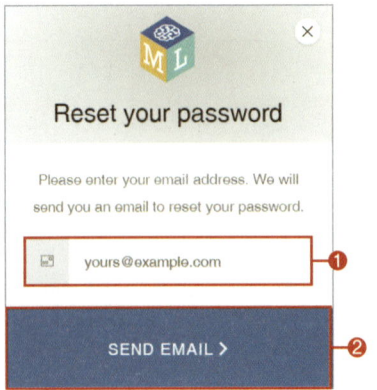

- 다시 한 번 이메일로 들어가 볼까?
- 'Reset your password' 메일이 와 있어.

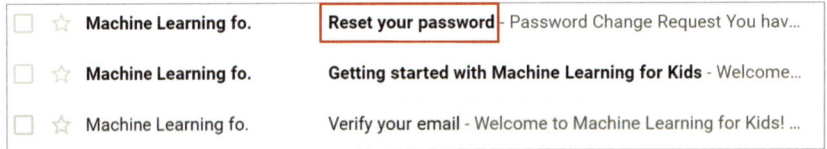

- 'clicking here'를 클릭해서 원하는 비밀번호를 입력하면 변경 완료~!

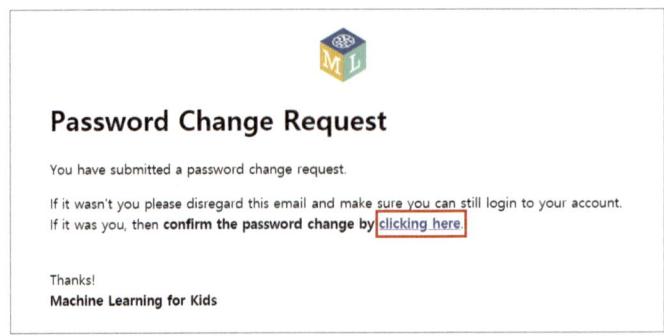

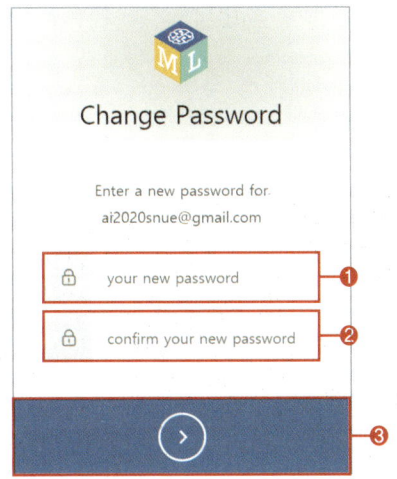

IBM Cloud 아이디 생성

- 이번에는 API Key를 얻기 위해 IBM Cloud 아이디를 만들어야 해!
- API key? 이건 뭐야?
- API Key는 인공지능 프로그램을 쉽게 만들기 위해서 전문가가 미리 만들어 둔 API에 접근할 수 있는 열쇠야.

> API란 Application Programming Interface 의 약자로서 소스코드 모음입니다. 어려운 인공지능 프로그램을 직접 만들기 위해서는 많은 시간과 비용이 필요합니다. 그렇기에 전문가들은 쉽게 프로그래밍을 할 수 있도록 미리 API를 만들어 두었고, 그런 API에 접근할 수 있는 보안 장치가 API Key입니다. 머신러닝포키즈에서는 IBM Watson Developer Cloud의 API를 사용합니다.

- IBM Cloud 아이디를 만들어야 API Key를 얻을 수 있어.

  http://cloud.ibm.com 에서 '계정 작성'을 클릭해.

- '이메일'과 '비밀번호'를 입력하면 되지? 비밀번호는 대문자, 소문자, 숫자가 8자리 이상 조합되어야 하네.

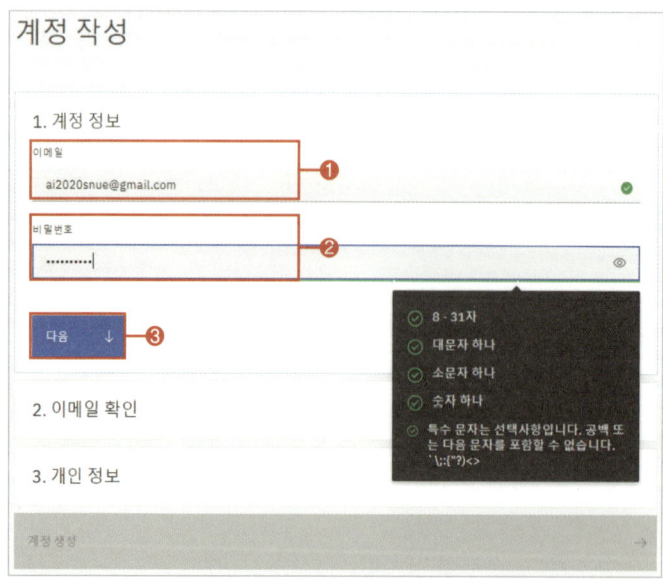

- 이메일로 '확인 코드'를 보냈어. 이메일 주소로 들어가서 확인코드를 찾아 입력해.

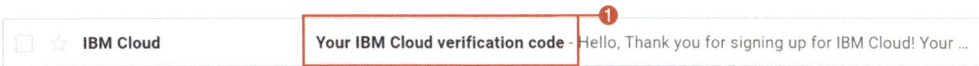

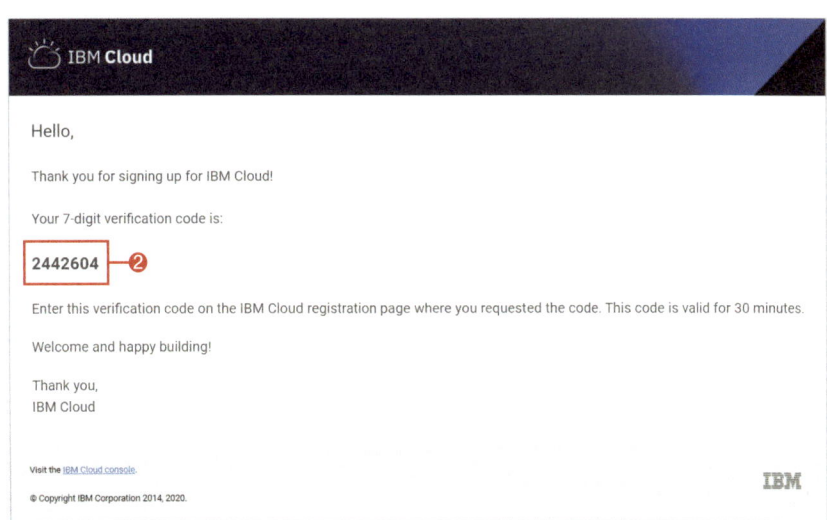

- '이름'과 '성'도 입력해. '이름'은 한글로도 쓸 수 있어!

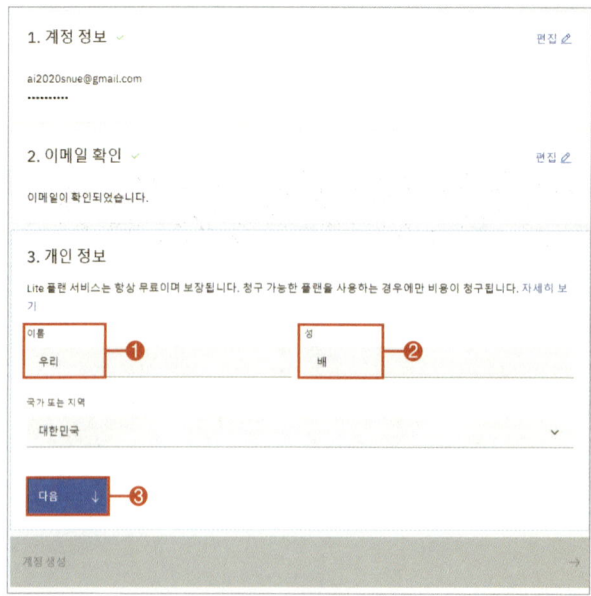

- 이번에는 '계정 생성'을 클릭하면 되지?

- '개인 정보 처리 방침'도 잘 읽어 보고, '계속'을 클릭해.

- '계정 생성' 완료!

'텍스트' API Key 등록

- 계정이 생성되었으니 '텍스트(문자)' API Key를 등록하자. IBM에 로그인해서 '카탈로그'를 클릭해.

- 머신러닝포키즈에서는 네 가지 학습훈련 데이터 중 '텍스트'와 '이미지'의 API Key가 필요해. 먼저 '텍스트' API Key를 얻으러 가자. 'Watson Assistant'를 클릭해.

> 'Watson Assistant'는 텍스트(문자)를 처리할 수 있는 인공지능을 만들 수 있도록 해 줍니다. 'Watson Assistant'를 통해 간단한 낱말부터 대화까지 처리할 수 있는 인공지능을 만들 수 있습니다.

● 'Lite'를 선택하고, '작성'을 클릭해. 지역 선택이나 다른 사항들은 신경 쓰지 않아도 돼.

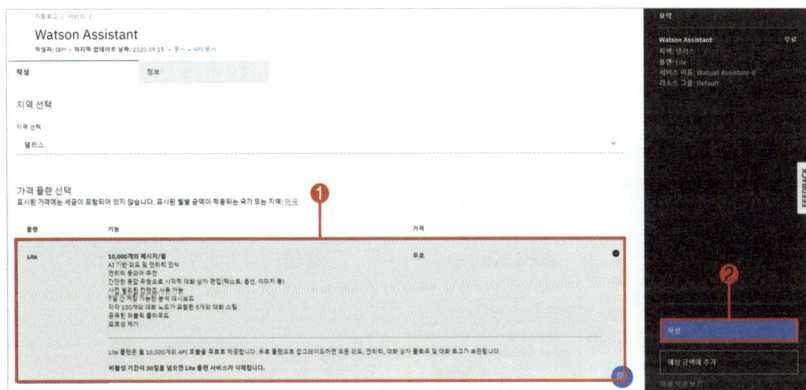

● 드디어 '텍스트' API Key를 구했어. 🗐 을 클릭해서 API Key를 복사해. 복사한 API Key는 머신러닝포키즈에 등록할 거야.

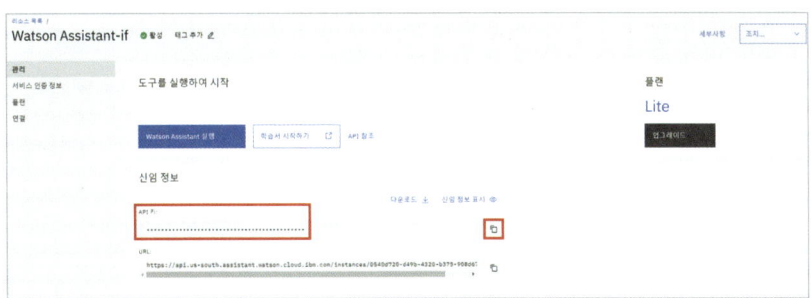

- 머신러닝포키즈 사이트로 돌아가서 '관리자페이지로 이동'을 클릭해. http://cloud.ibm.com 사이트는 '이미지' API Key 구할 때도 필요하니까 그대로 두렴.

- 'API Keys' 부분만 빨간색으로 표시되어 있네.

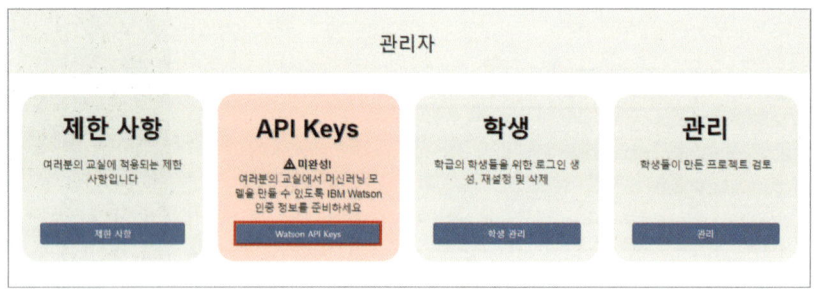

- '새로운 인증 추가'를 클릭해.

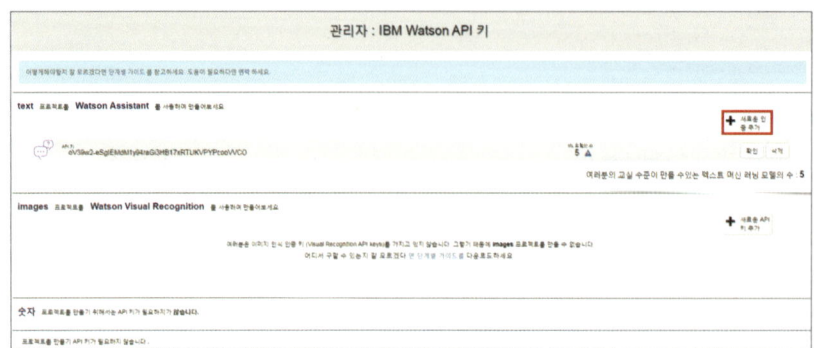

- 여기서는 'Lite'를 선택하고, 'API Key'를 입력하면 되지?
- 응, 'API Key'는 아까 복사해 뒀으니 'Ctrl + V'로 손쉽게 붙여 넣을 수 있어!

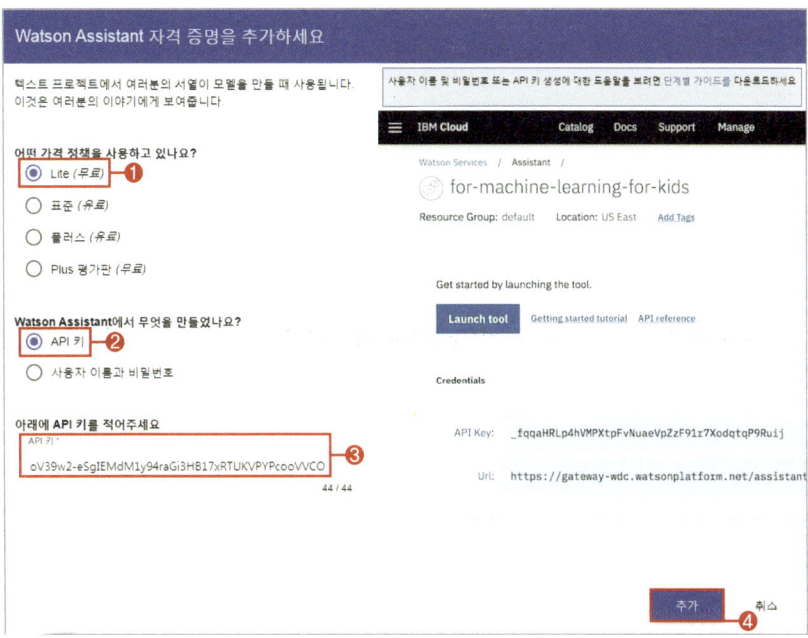

- 이제 '텍스트' API Key 등록 완료!

'이미지' API Key 등록

- 이번에는 '이미지' API Key를 등록하자.
- 다시 http://cloud.ibm.com 로 돌아가면 되지?
- 그리고 '카탈로그'를 클릭하는 것까지 똑같아.

- '이미지' API Key를 등록하려면 'Visual Recognition'을 골라야 해.

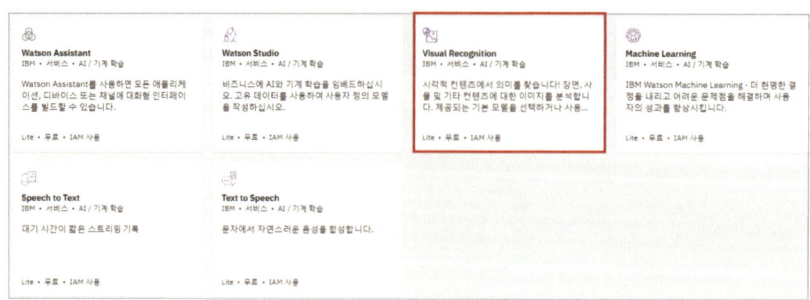

> 'Visual Recognition'은 이미지를 처리할 수 있는 인공지능을 만들 수 있도록 해 줍니다. 'Visual Recognition'을 활용하면 사진, 그림, 동영상 프레임까지 처리할 수 있는 인공지능을 만들 수 있습니다.

● 여기서도 'Lite'를 선택하고 '작성'을 클릭하면 되겠네?

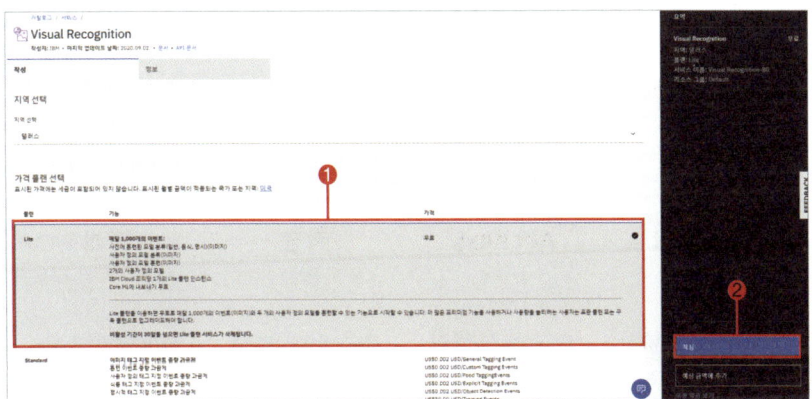

● 그리고 🗍 을 클릭해서 API Key를 복사해.

- 복사했으니 머신러닝포키즈 사이트로 다시 돌아갈게.
- 이번에도 '관리자페이지로 이동'을 클릭!

- 'API Keys'도 클릭!

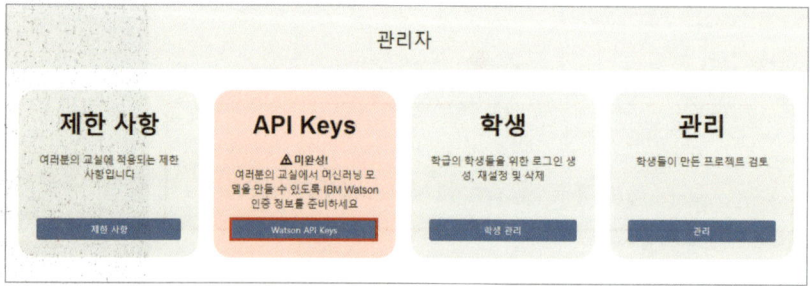

- 여기에서 'images'에 '새로운 API Key 추가'를 클릭하면 돼.

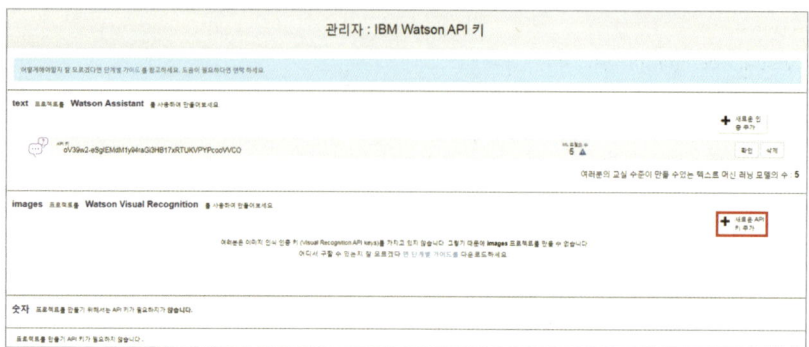

● 마지막으로 'Lite'를 선택하고, 'Ctrl + V'로 'API Key' 붙여넣기!

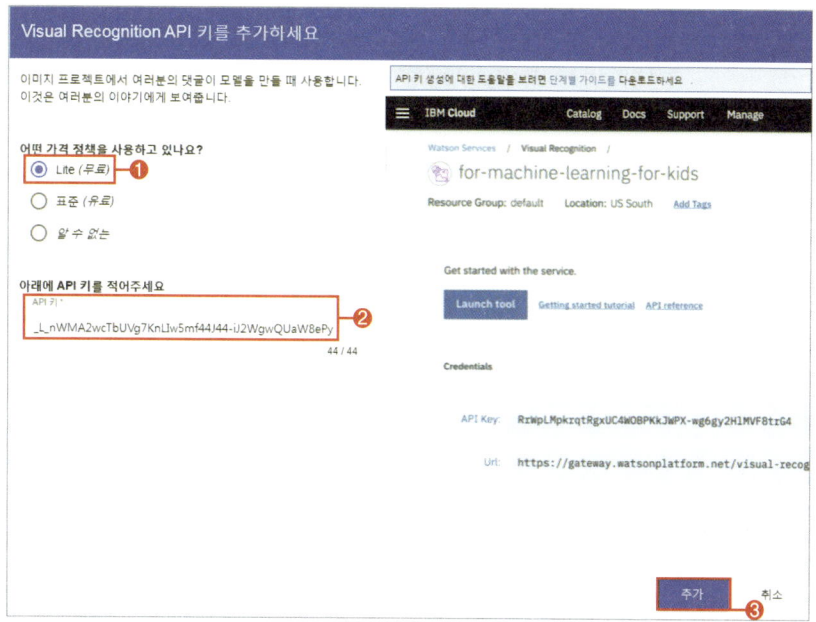

● 이제 '이미지' API Key도 등록 완성했다!

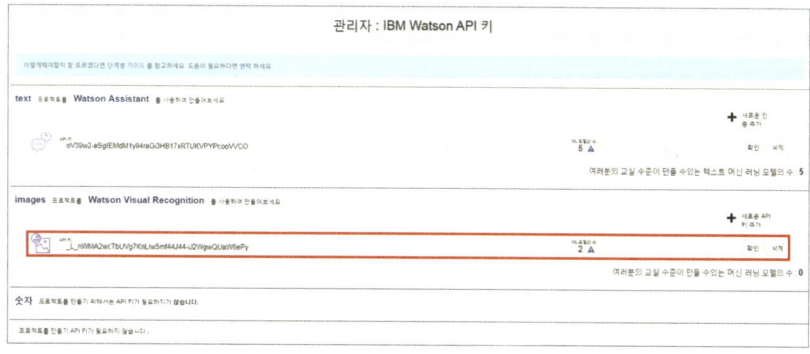

- 지금까지 머신러닝포키즈 사이트를 이용하기 위한 준비과정을 잘 따라와 줘서 고마워.
- 이게 다 티봇이 친절하게 설명해 준 덕분이야.
- 그럼 이제 머신러닝포키즈 사이트에서 재미있는 인공지능 프로그램을 만들어 보자!

머신러닝포키즈 사이트에서는 처음 배우는 학습자를 위하여 단계별 가이드를 제공하고 있습니다. 활용 방법은 머신러닝포키즈 사이트에서 '워크시트'를 클릭하면 됩니다. 텍스트, 이미지, 소리, 숫자 네 가지 훈련 데이터를 입력하고 활용하는 방법을 연습해 볼 수 있으니 이 책과 함께 활용하기를 추천합니다.

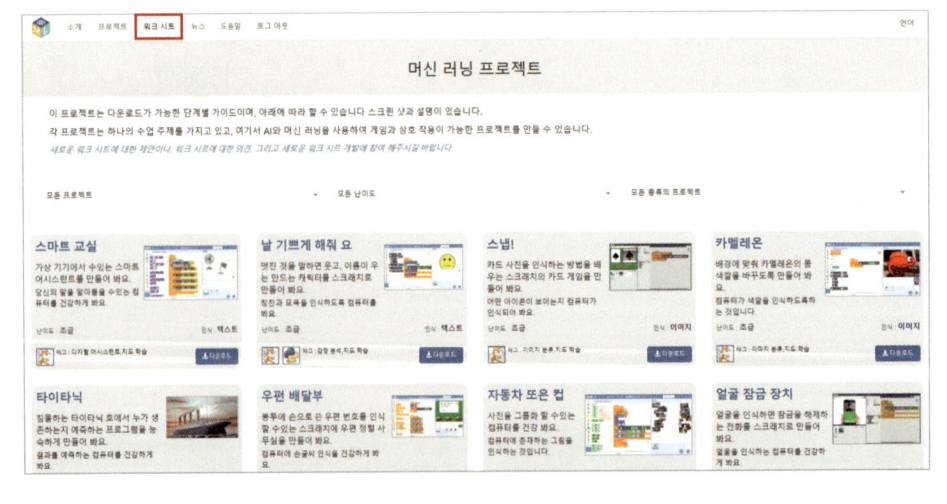

좋은 친구 되기

학습목표	친구의 말을 판단하여 좋은 말일 경우 다가가고, 나쁜 말일 경우 멀어지는 인공지능을 만들어 봅시다.
준비물	– Machine Learning for Kids – Scratch 3.0
학습시간	30분
프로젝트의 특징	이 프로젝트는 머신러닝포키즈에서 사용할 수 있는 학습훈련 데이터 중 '텍스트' 데이터를 활용합니다.

프로젝트 순서					
생각하기	준비하기	훈련하기	학습&평가	만들기	확인하기
• 인공지능 프로그램 계획	• 머신러닝 포키즈 로그인 • 프로젝트 생성	• 레이블 생성 • 학습훈련 데이터 입력	• 머신러닝 훈련 • 훈련 결과 테스트	• 스크래치3.0 실행 • 코딩 순서 생각하기 • 스프라이트 추가하기 • 스프라이트 코딩하기	• 인공지능 프로그램 실행 • 수정·보완

생각하기

- 우리야! 표정이 왜 그래? 무슨 일 있어?
- 학교에서 친구에게 나쁜 말을 들었거든. 그래서 기분이 안 좋아.
- 너무 속상했겠다.
- 친구들이 왜 나쁜 말을 쓰는지 모르겠어. 바르고 고운 말을 쓰게 하는 방법이 없을까?
- 아! 좋은 생각이 있어. 친구들이 바르고 고운 말을 쓰게 하는 인공지능을 만드는 거야!
- 어떻게?
- 친구의 말을 듣고 인공지능이 좋은 말이라고 생각하면 친구에게 다가가고, 나쁜 말이라고 생각하면 멀어지게 만드는 거지. 그러면 친구들이 서로 가까워지기 위해 좋은 말을 쓰지 않을까?
- 좋은 생각이다. 같이 만들어 보자!
- 그래! 출발!

준비하기

- 머신러닝포키즈 사이트에 로그인해 줘. https://machinelearningforkids.co.uk

- 프로젝트를 만들려면 프로젝트/프로젝트 추가 버튼을 클릭해.

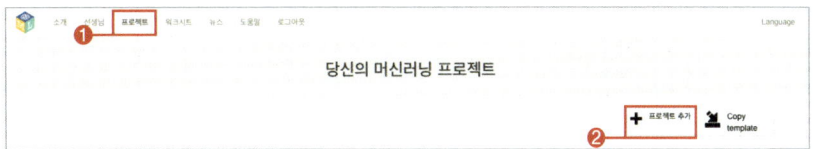

- 프로젝트 이름은 무엇으로 하고 싶니?
- 'Good Friends'라고 할래! 친구들이랑 고운 말을 쓰면 좋은 친구가 될 수 있으니까.
- 좋아, 프로젝트 이름은 'Good Friends', 인식방법은 '텍스트', 언어는 'Korean'을 선택 후 만들기를 클릭해.

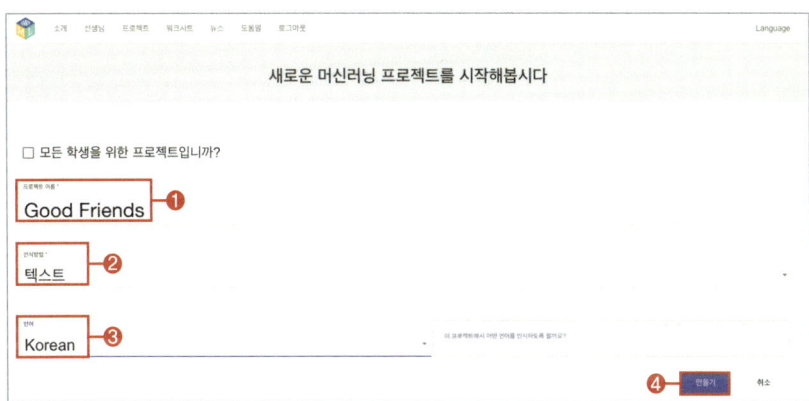

머신러닝포키즈에서 프로젝트 이름은 영어로만 쓸 수 있습니다. 프로젝트는 최대 3개까지만 저장됩니다. 새로운 프로젝트를 만들려면 기존 프로젝트를 삭제해야 합니다.

- 'Good Friends' 프로젝트가 만들어졌어.

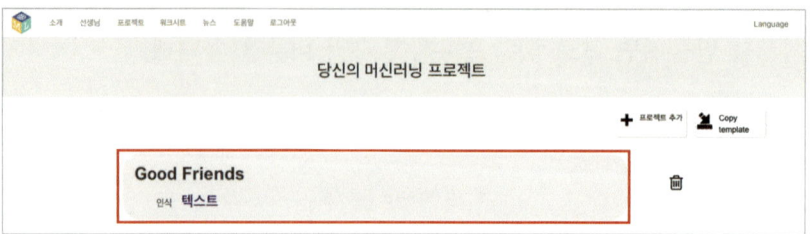

훈련하기

- 이제 인공지능을 훈련시켜 보자.

- 인공지능을 훈련시키기 위해서는 레이블을 만들어야 해. 새로운 레이블 추가 버튼을 클릭해.

'레이블'이란 비슷한 점을 가진 자료들의 묶음입니다. 예를 들면 문구점에 가면 공책이 있는 곳, 볼펜이 있는 곳, 필통이 있는 곳이 서로 다릅니다. 물건을 찾기 쉽게 문구점 아저씨가 같은 종류의 물건들끼리 모아서 정리하기 때문입니다. 이처럼 비슷한 물건들을 묶어서 나타내는 것을 레이블이라고 합니다.

- 레이블은 '좋은 말'과 '나쁜 말' 두 가지로 만들 거야. 이름은 영어로만 쓸 수 있어.
- 그러면 이름을 'Good'과 'Bad'라고 하자.

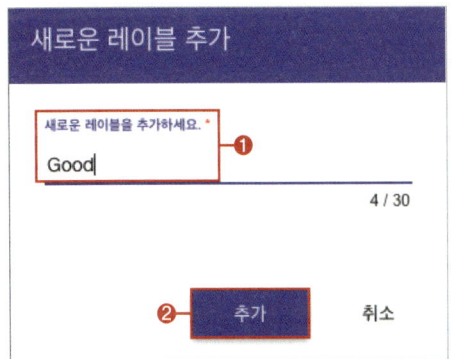 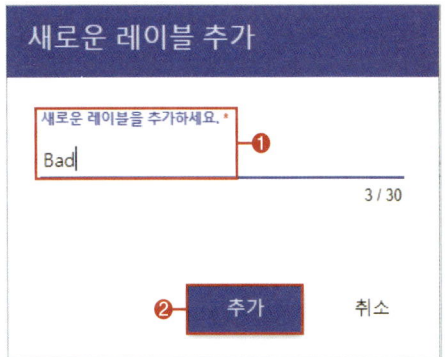

- 이제 레이블에 데이터를 추가할 거야.

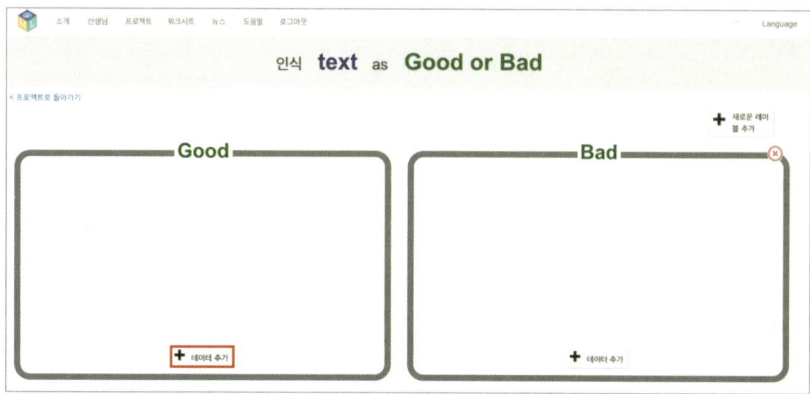

- 'Good'과 'Bad'에 각각 어떤 데이터를 입력할까? 네가 듣기에 좋은 말과 나쁜 말을 생각해 봐.

- 나는 '사랑해', '고마워', '기뻐', '같이 놀자' 이런 말을 들으면 기분이 좋아. '미워', '나빠', '너랑 안 놀아' 이런 말을 들으면 기분이 나빠.

- 그럼 그런 말을 데이터로 입력하고 추가 버튼을 클릭해.

머신러닝포키즈에서 훈련에 입력 가능한 데이터의 개수는 데이터 형식에 따라 달라집니다. '텍스트'는 500개, '숫자'는 1000개, '이미지'와 '소리'는 100개까지 저장할 수 있습니다.

- 입력이 완료되었네. 레이블마다 13개씩 입력했구나. 이제 <프로젝트로 돌아가기를 클릭해.

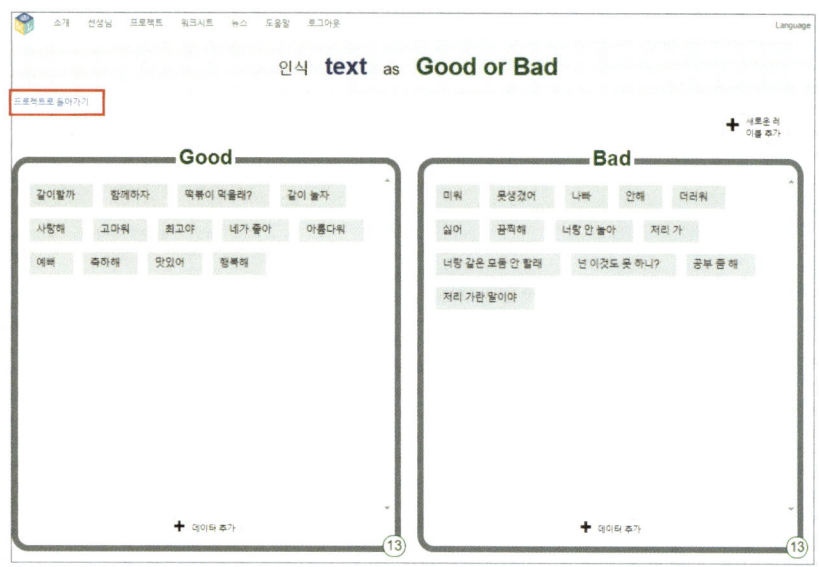

'좋은 말'과 '나쁜 말' 데이터의 개수는 사람마다 다를 수 있습니다. 데이터의 개수가 너무 많아지면 인공지능을 훈련시키는데 시간이 오래 걸리기에 레이블별로 10~20개 정도의 데이터를 입력하는 것이 적당합니다. 어느 한쪽 레이블에 많은 데이터 넣기보다 양쪽 레이블의 데이터 개수를 비슷하게 하면 좋습니다.

학습&평가

- '좋은 말', '나쁜 말' 레이블을 학습시켜 볼까?

- '새로운 머신러닝 모델을 훈련시켜 보세요'를 클릭해.

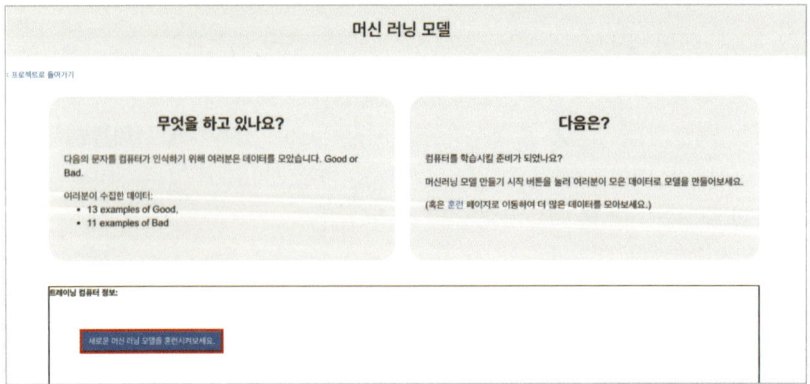

- 머신러닝모델이 훈련되고 있네. 시간이 조금 걸리니까 기다려 줘.

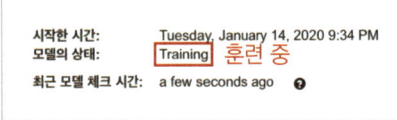 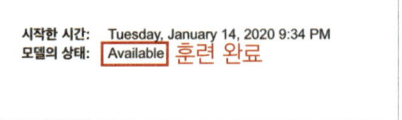

10분이 지나도 훈련 완료 메시지가 보이지 않는다면 훈련을 취소하고 다시 훈련하는 것이 좋습니다. 훈련이 완료된 머신러닝 모델은 최대 24시간 저장됩니다. 24시간이 지났다면 다시 훈련해야 합니다.

- 훈련이 완료되었다. 잘 되었는지 테스트해 볼까?

- '좋은 말'과 '나쁜 말'을 각각 테스트해 볼게.

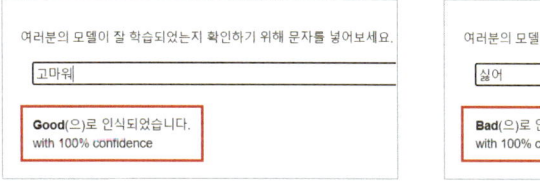 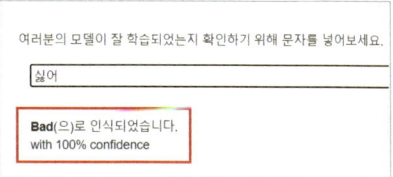

- '고마워'는 100%의 정확도로 'Good'으로 인식되었어. '싫어'도 100%의 정확도로 'Bad'라고 인식했네.
- 레이블에 데이터로 추가하지 않았던 새로운 '좋은 말'과 '나쁜 말'도 테스트해 봐.
- 음…. 그러면 입력하지 않았던 '놀자'와 '안 놀아'로 테스트해 볼게.

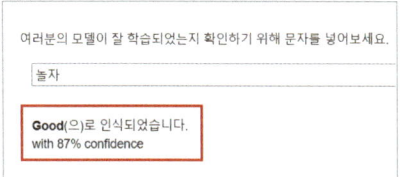 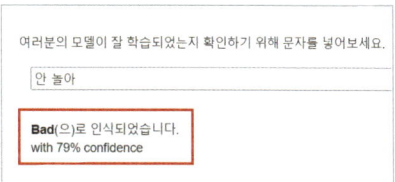

- 우와! 새로운 말들도 '놀자'는 87%의 정확도로 'Good', '안 놀아'는 80%의 정확도로 'Bad'라고 인식했어.
- 인공지능이 처음에 입력되었던 학습 훈련 데이터들을 바탕으로 '놀자'는 좋은 말과 비슷하다고 생각했고, '안 놀아'는 나쁜 말과 비슷하다고 생각했기 때문이야.
- 가르쳐 준 것만 아는 게 아니라 새로운 것도 판단할 수 있네?
- 그렇지? 그래서 인공지능을 똑똑하다고 하는 거야. 훈련이 완성되었으니

  < 프로젝트로 돌아가기를 클릭해.

만들기

- 이제 머신러닝모델을 이용해 프로그램을 만들자.

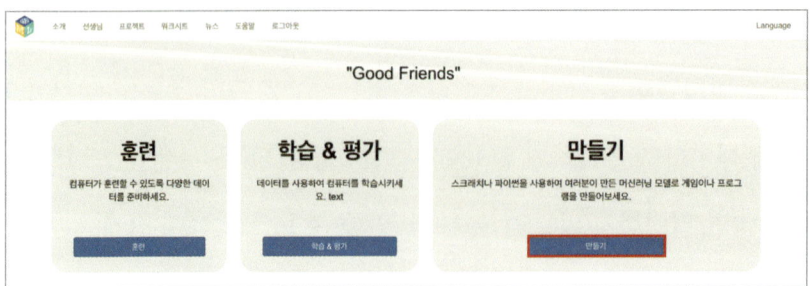

- 머신러닝포키즈에서는 스크래치2, 스크래치3, 파이썬, 앱 인벤터를 이용해서 프로그램을 만들 수 있어. 우리는 그중에 '스크래치 3'을 이용할 거야.

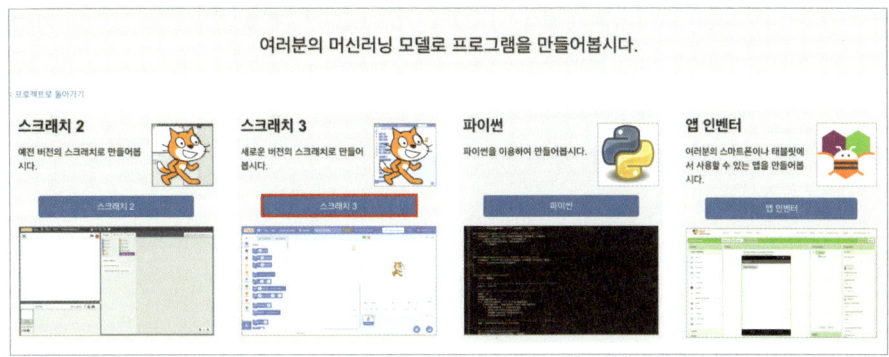

- '스크래치 3'에 어떤 인공지능 블록들이 생겼는지 확인해 봐!

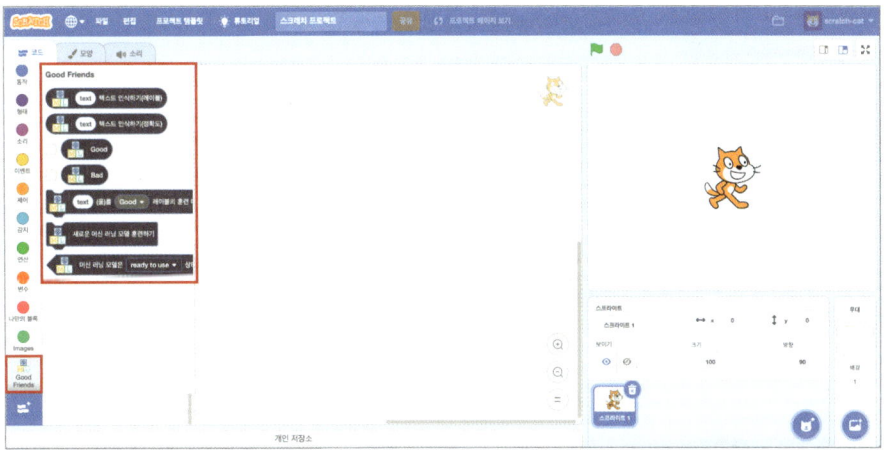

코딩 순서 생각하기

- '좋은 친구 되기' 프로젝트에 필요한 스프라이트와 코딩 순서는 어떻게 될까?

- 필요한 스프라이트는 친구 2명이겠지? 고양이와 병아리 스프라이트를 친구로 정할래. 그리고 코딩 순서는 친구의 말에 따라 고양이와 병아리가 서로 가까워지거나 멀어져야 하니까 다음과 같이 하면 될 것 같아.

필요한 스프라이트	– 고양이 스프라이트 – 병아리 스프라이트
프로그램 코딩 순서	① 고양이 스프라이트가 "너랑 친해지고 싶어! 나에게 말을 걸어줘"라고 말하기 ② 텍스트를 입력하면 인공지능이 인식하기 ③ 좋은 말이 입력되면 고양이 스프라이트가 "우리 친하게 지내자."라고 말하며 병아리에게 다가가기 ④ 나쁜 말이 입력되면 고양이 스프라이트가 "너랑 놀지 않을 거야."라고 말하며 병아리한테서 뒤돌아 멀어지기

스프라이트 추가하기

- 필요한 스프라이트를 추가해 볼까?
- 고양이 스프라이트는 이미 있으니까 병아리 스프라이트만 추가하면 되겠네?
- 스프라이트를 추가하려면 를 클릭해.

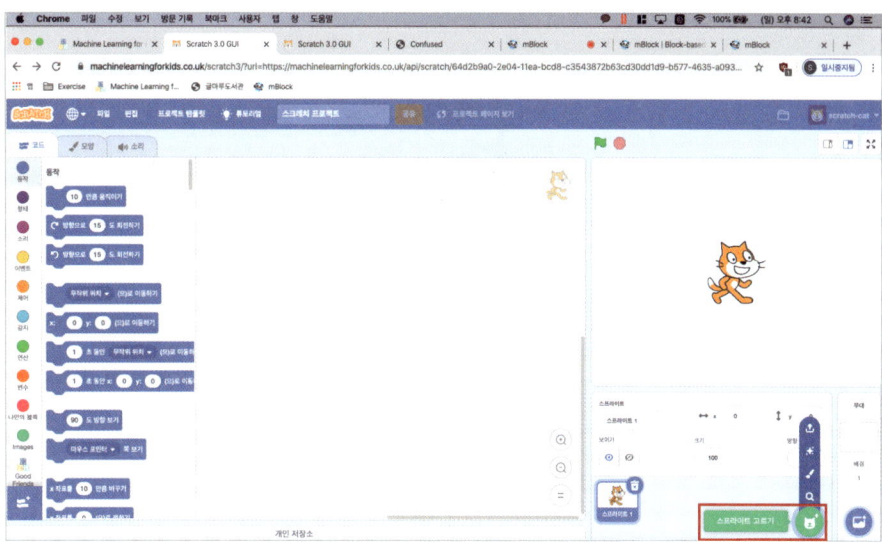

● 동물 탭을 선택하면 병아리를 고를 수 있어.

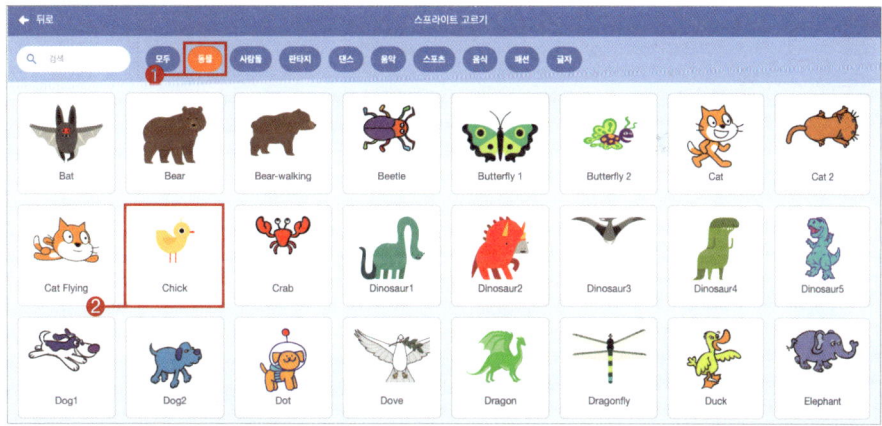

● 고양이와 병아리가 추가되었다. 그런데 같은 방향을 보고 있어. 대화하려면 서로 마주 봐야 하지 않을까?

99

고양이와 병아리의 처음 위치는 컴퓨터마다 다르게 나타납니다. 고양이와 병아리를 마우스로 드래그하면 자유롭게 위치를 이동시킬 수 있습니다.

● 병아리를 선택한 다음 모양에 들어가면 좌우 반전을 할 수 있어.

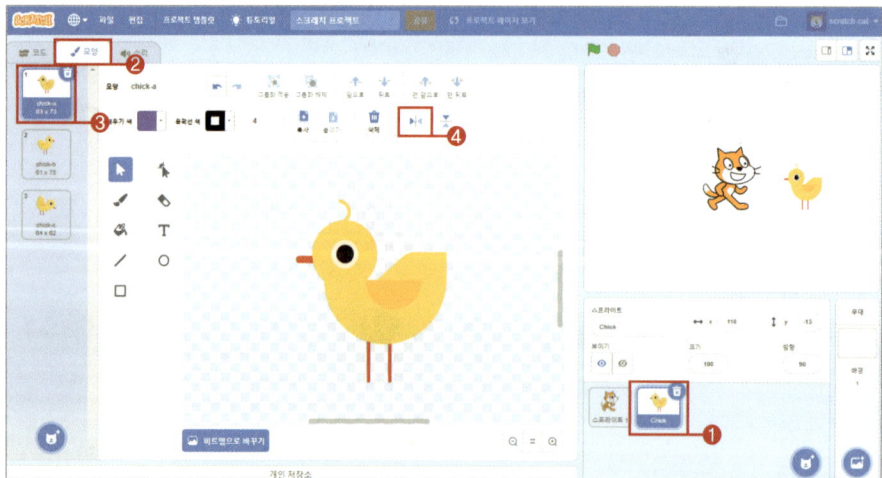

● 진짜 방향이 바뀌었네! 아래에 병아리 모양이 2개 더 있는데 삭제할 수 있어?
● 병아리 2, 3을 선택한 다음 휴지통을 클릭하면 돼.

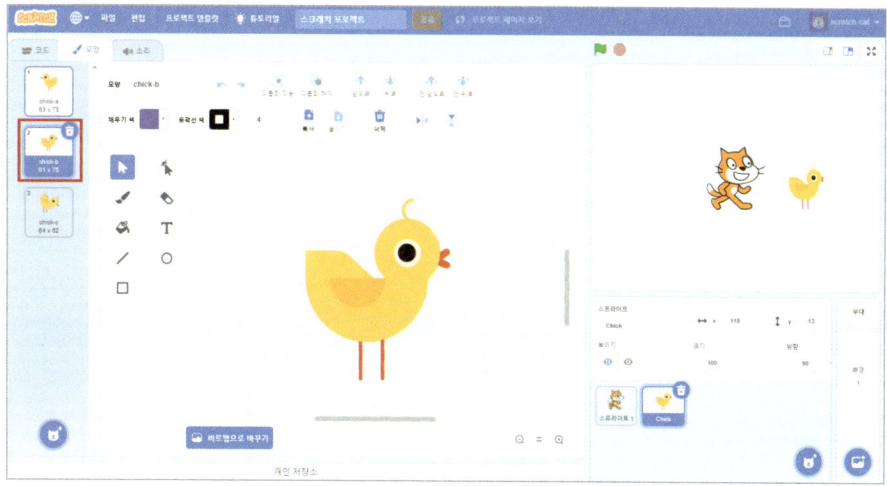

- 고양이 스프라이트도 뒤돌아 가는 모습이 필요하지?
- 응, 나쁜 말을 들었을 때 뒤돌아서 멀어져야 하니까 필요해.
- 고양이도 좌우 반전으로 모양을 바꾸자. 고양이는 마주 보는 모습도 필요하니까 꼭 '모양 2'를 좌우 반전시켜야 해.

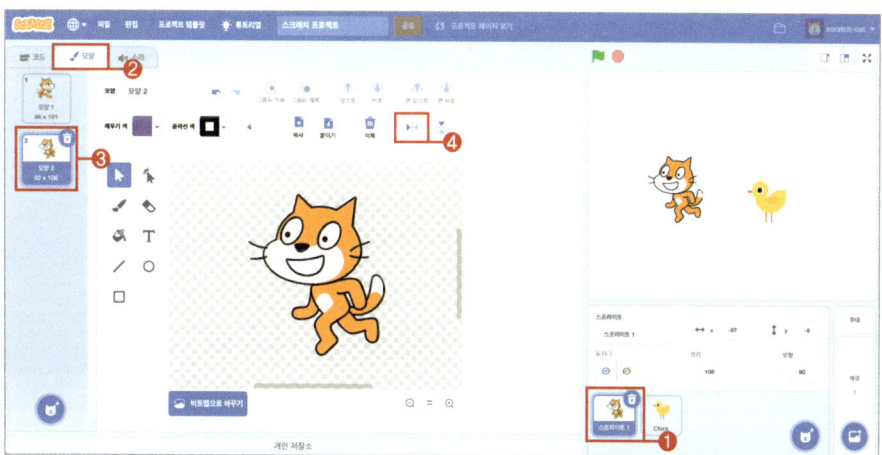

101

스프라이트 코딩하기

- 자, 이제 코드 탭을 클릭해서 코딩을 시작하자.

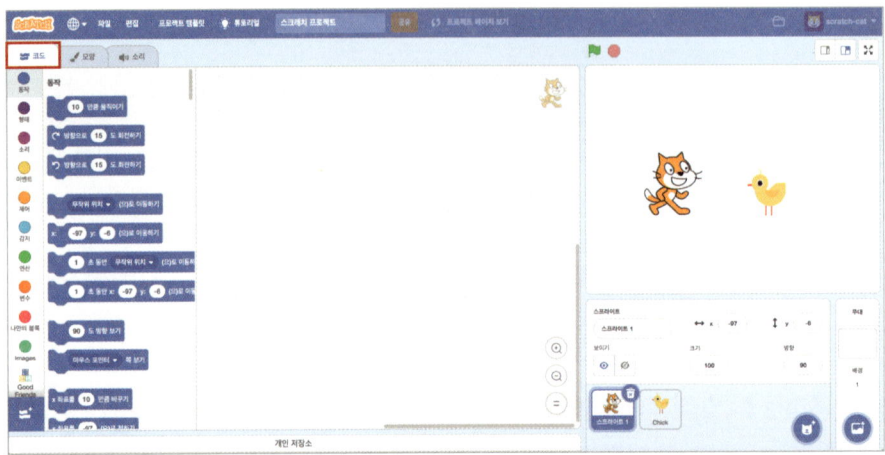

- 고양이와 병아리 중 어떤 스프라이트에 코딩해야 할까?
- 고양이! 왜냐하면, 고양이는 "나에게 말을 걸어줘."라고도 말하고 병아리에게 다가가거나 뒤돌아서 멀어지잖아.
- 맞았어. 고양이한테 코딩을 해야 해. 병아리는 좋은 말과 나쁜 말을 하지만 텍스트로 입력하면 되니까 코딩이 필요 없어.
- 고양이 스프라이트를 선택하고 ◯(이벤트)에서 ▰(깃발클릭 때)을 가져올게.

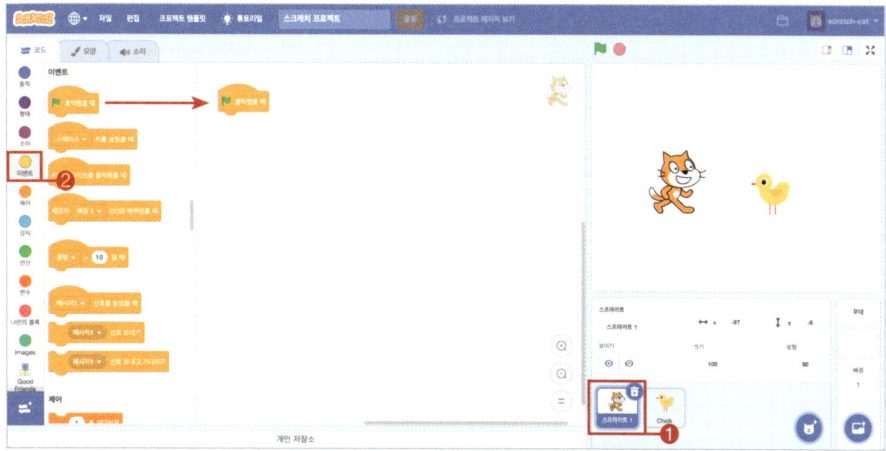

스크래치에서는 🚩 은 시작을 의미합니다. 그래서 [클릭했을 때] 은 코딩을 시작할 때 많이 사용합니다.

스크래치 블록 팔레트에는 색깔별로 서로 다른 기능을 가진 명령어 블록들이 모여 있습니다. 이 책에 나오는 명령어 블록들은 색깔을 확인하면 블록 팔레트에서 쉽게 찾을 수 있습니다.

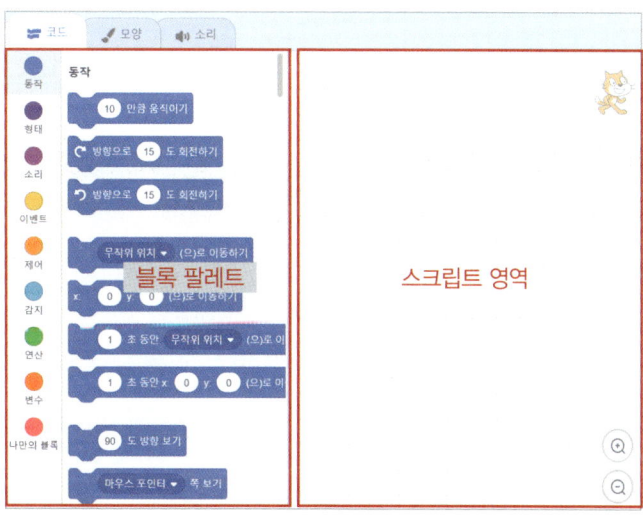

- 프로그램이 시작되면 고양이가 "너랑 친해지고 싶어! 나에게 말을 걸어줘."라고 해야지?
- 그래서 ◯(감지) 에서 [너 이름이 뭐니? 라고 묻고 기다리기] 블록을 가져와야 해. 묻는 말도 '너 이름이 뭐니?' 가 아니라 '너랑 친해지고 싶어! 나에게 말을 걸어줘'라고 바꿔야 해.

- 이제 병아리가 말을 하면 인공지능이 좋은 말인지 나쁜 말인지 판단하게 하자.
- 그리고 판단 결과에 따라 고양이의 행동이 달라지겠지?
- ◯(제어) 의 [만약 ~이라면] 블록이 필요하네. 인공지능이 좋은 말인지 나쁜 말인지 판단하는 건 어떻게 표현해?
- ◯(연산) 의 [◯=50] 와 (Good Friends) 의 [text 텍스트 인식하기(레이블)], [Good] 가 필요해. 그리고 text 부분에는 ◯(감지) 의 [대답] 을 넣어야 해.
- 아~! 이렇게 코딩하면 되는구나?

대답이 'Good'인 경우   대답이 'Bad'인 경우

- 내답 결과에 띠라 고양이가 다가가거나 멀어지는 것을 표현해 볼래.
- 고양이가 "우리 친하게 지내자." 또는 "너랑 놀지 않을 거야."라고 말도 해야 해.
- 말하는 것은 ◯(형태) 에서 [안녕! 을(를) 2 초동안 말하기] 를 쓰면 되지?

- 응, '안녕!' 대신 "우리 친하게 지내자!" 또는 "너랑 놀지 않을 거야!"라고 입력하면 돼.

- 고양이가 병아리에게 다가가는 건 어떻게 코딩해?

- 동작 에서 `1 초 동안 x: -27 y: -6 (으)로 이동하기` 를 사용하면 돼. 이때 조금 천천히 다가가도록 1초를 2초로 바꾸고, 병아리 앞에까지만 다가가도록 x, y 좌표 숫자를 조절해 줘.

> `1 초 동안 x: -27 y: -6 (으)로 이동하기` 블록의 x, y 좌표는 고양이의 위치에 따라 달라집니다. 블록을 가져오기 전에 고양이의 위치를 옮기면서 숫자 변화를 확인합니다. 고양이를 병아리 앞 알맞은 곳에 위치시키고 블록을 끌어오면 그 위치의 x, y 좌표가 입력됩니다.

- 고양이가 뒤돌아서 멀어지는 것도 표현해야겠다.

- 가까이 다가가는 코드랑 비슷하니까 코드를 복사해. 마우스 오른쪽 버튼을 클릭하면 복사할 수 있어.

코드를 복사할 때는 마우스가 위치한 곳의 아래에 있는 블록들이 복사됩니다. 다음 그림을 참고하여 여러 위치에서 복사하기를 연습해 보세요.

- 똑같은 블록이 하나 더 생겼어!
- 뒤돌아서 멀어지게 표현하려면 어떤 블록을 바꾸면 될까?
- Good 을 Bad 로 바꾸고 "너랑 놀지 않을 거야!"라고 말하게 해야 해.
- x, y 좌표의 숫자도 고양이가 멀어졌을 때로 변경해. 고양이가 뒤돌아서 멀어져야 하니 형태 에서 모양을 모양 2 ▼ (으)로 바꾸기 도 사용해. 이때 '모양 1'을 '모양 2'로 바꾸는 것 잊지 마.

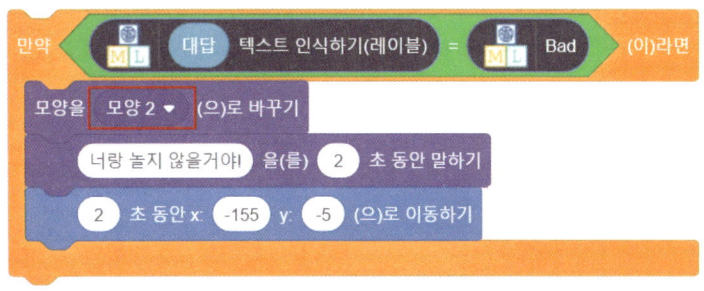

- 이제 프로그램이 처음 시작될 때 고양이의 모양과 위치만 정해 주면 돼. 서로 마주 본 상태로 시작해야 하니까 [클릭했을 때] 아래에 [모양을 모양1 ▼ (으)로 바꾸기]을 연결해. 고양이의 처음 시작 위치는 [x: -88 y: 6 (으)로 이동하기]로 정하면 돼.
- 고양이 스프라이트 코딩 끝~!!

코딩 결과

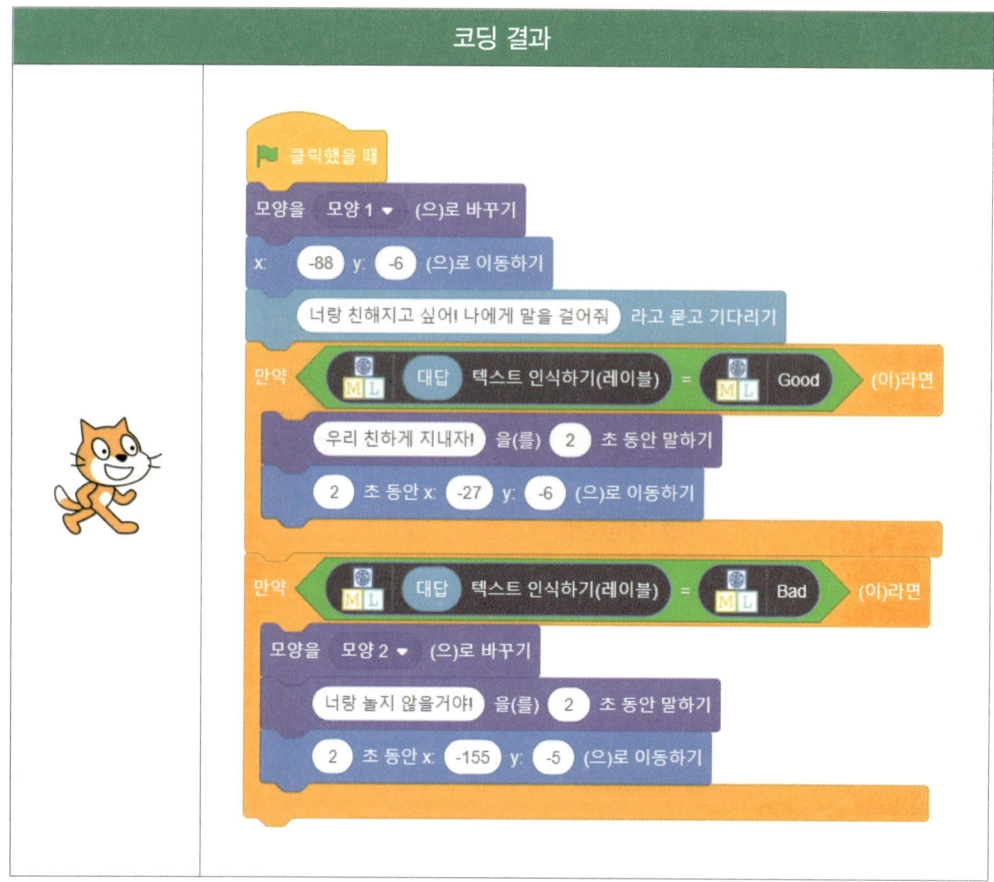

확인하기

- 🏁을 클릭해서 제대로 실행되는지 확인해 보자.

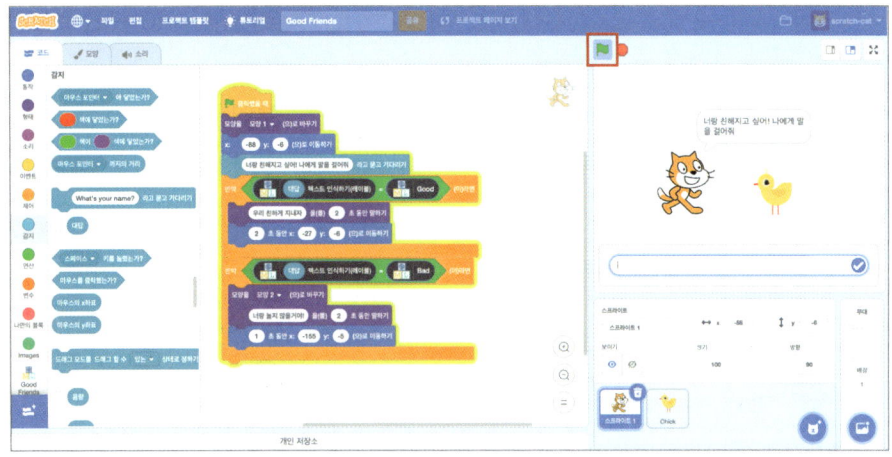

- 전체화면으로 보려면 오른쪽 위 버튼을 클릭하면 돼.

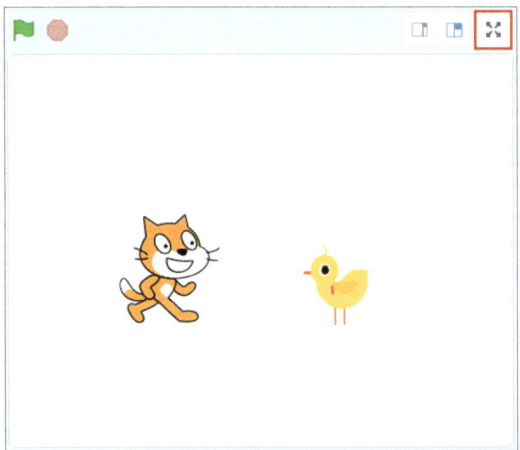

- 어떤 말을 테스트해 볼까?
- '좋아', '싫어', '사랑해', '미워', '같이 놀자', '너는 내 친구야' 등 여러 가지 말을 입력해 봐.

109

- '고마워'라고 입력했더니 고양이가 '우리 친하게 지내자.'라고 말을 한 뒤에 병아리에게 다가갔어.

- '싫어'라고 입력했을 땐 '너랑 놀지 않을 거야!'라고 말을 하고 뒤돌아서 병아리와 멀어지네.

- 여러 가지 말로 테스트해 봤어? '좋은 친구 되기' 프로젝트가 잘 만들어졌지?
- 응, 고마워 티봇! 이제 친구들에게 고운 말의 중요성을 알려줄 수 있겠어.

문 열어, 문 닫아

학습목표	사람의 말을 인식하여 자동으로 문이 열리고 닫히는 인공지능을 만들어 봅시다.
준비물	– Machine Learning for Kids – Scratch 3.0 – 마이크
학습시간	30분
프로젝트의 특징	이 프로젝트는 머신러닝포키즈에서 사용할 수 있는 학습 훈련 데이터 중 '소리' 데이터를 활용합니다.

프로젝트 순서					
생각하기	준비하기	훈련하기	학습&평가	만들기	확인하기
• 인공지능 프로그램 계획	• 머신러닝 포키즈 로그인 • 프로젝트 생성	• 레이블 생성 • 학습훈련 데이터 입력	• 머신러닝 훈련 • 훈련 결과 테스트	• 스크래치3.0 실행 • 코딩 순서 생각하기 • 스프라이트 추가하기 • 스프라이트 코딩하기	• 인공지능 프로그램 실행 • 수정·보완

생각하기

- 우리야, 저녁 준비할 재료 사러 같이 마트에 다녀올까?
- 응, 장보기는 언제나 재미있어. 간식도 몇 개 사도 돼?
- 당연하지. 그런데 오늘 우리가 사야 할 재료가 많아서 양손 가득 무거운 짐을 들어야 해.
- 걱정 마. 힘 하나는 자신 있다고! 그런데 양손 가득 짐이 있으면 문을 열고, 닫기는 힘들겠다.
- 그래서 쉽게 문을 열고, 닫는 방법도 준비했어. 사람의 말을 인식해서 자동으로 문이 열리고 닫히는 인공지능을 만드는 거야.
- 오! 진짜? 센스쟁이! 얼른 알려 줘. 그 후에 마트에 다녀오자.
- 알겠어. 오늘도 신나게 만들어 보자!

준비하기

- 일단 머신러닝포키즈 사이트에 로그인 해야겠지? 사이트 주소가….
- https://machinelearningforkids.co.uk 야. 천천히 입력해서 접속한 후 로그인까지 해.
- 접속하고 로그인까지 완료했어!

- 잘했어. '프로젝트'나 '프로젝트로 이동'을 클릭해.

- 다음으로는 '프로젝트 추가'를 클릭!

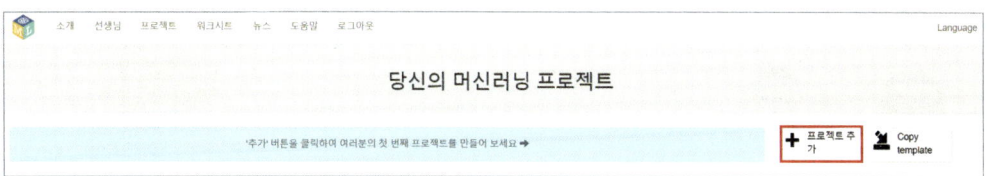

- '프로젝트 이름'과 '인식 방법'을 입력하면 되지? 내가 하는 말을 듣고 문이 자동으로 열리고 닫히는 인공지능이니 '프로젝트 이름'은 'Open/Close'로, '인식방법'은 '소리'로 할게.

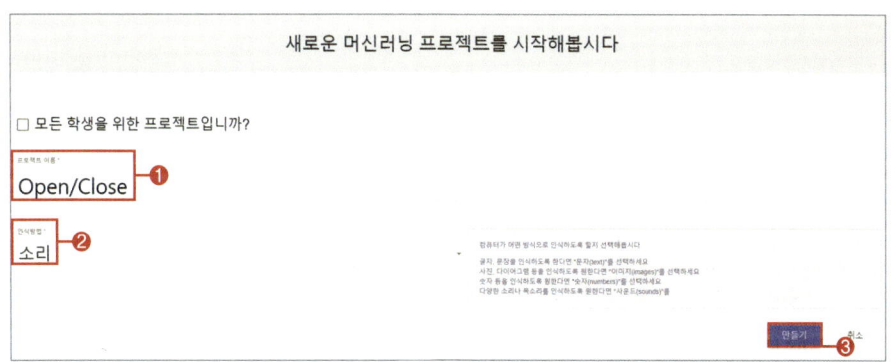

- 'Open/Close' 프로젝트가 만들어졌다.

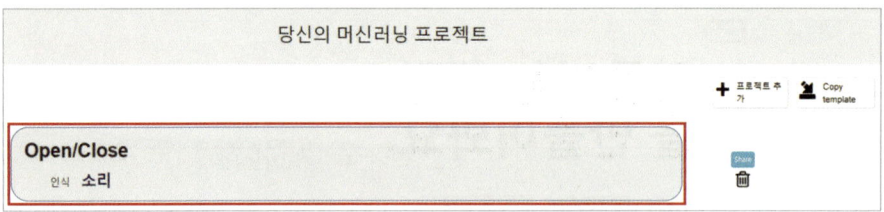

훈련하기

- 인공지능에게 '문 열어, 문 닫아' 라는 말을 훈련시키자.

- 앗! 빨간 상자가 나타났어.

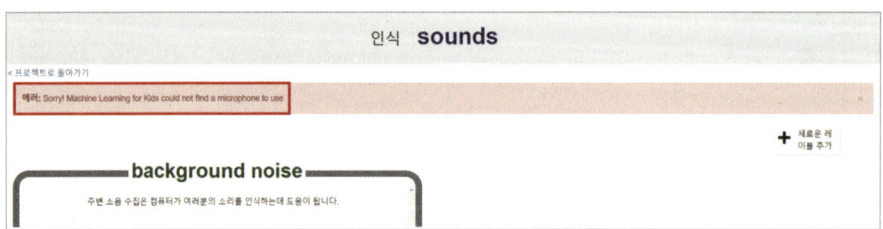

- 컴퓨터에 '마이크'가 연결되지 않았다는 뜻이야. '소리'를 녹음시켜야 하니까 '마이크'가 필요하겠지?
- 아하! 잠시만, 얼른 마이크를 연결할게.

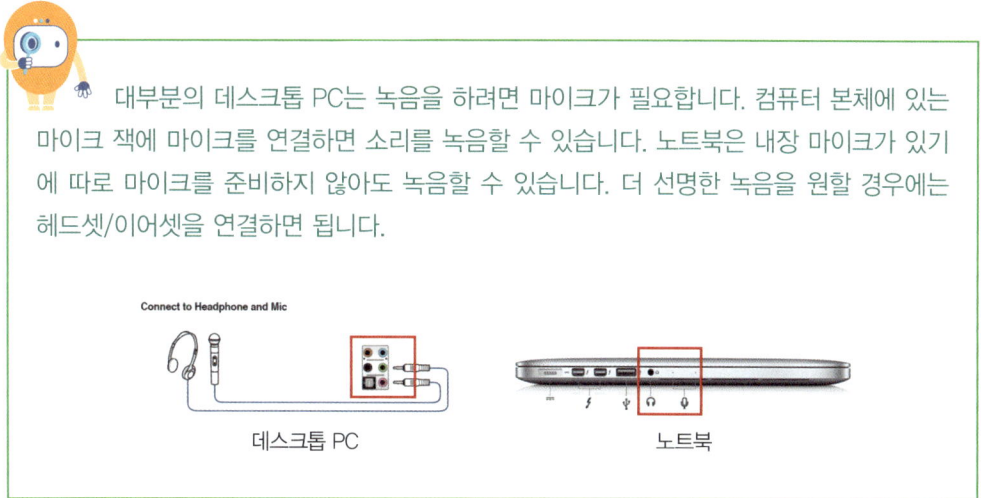

대부분의 데스크톱 PC는 녹음을 하려면 마이크가 필요합니다. 컴퓨터 본체에 있는 마이크 잭에 마이크를 연결하면 소리를 녹음할 수 있습니다. 노트북은 내장 마이크가 있기에 따로 마이크를 준비하지 않아도 녹음할 수 있습니다. 더 선명한 녹음을 원할 경우에는 헤드셋/이어셋을 연결하면 됩니다.

- 마이크 사용 권한을 요청한다고 나타났어. '허용'을 클릭!

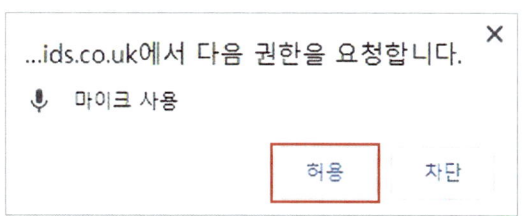

- 잘했어. 이제 빨간 상자가 사라졌지?
- 여기에도 'background noise'가 있어. 데이터 추가와 마이크를 클릭해서 배경소음을 녹음할게.

- 녹음을 잘못했을 때는 마이크 모양을 누르거나, 취소를 누르면 다시 녹음할 수 있어.

 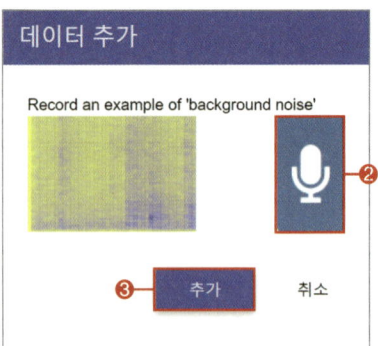

> 컴퓨터가 일상생활 속의 다양한 소리를 데이터로 잘못 인식하는 것을 방지하기 위해 배경소음을 녹음해야 합니다. 만약 배경소음을 녹음하지 않는다면 컴퓨터는 자동차 소리, 음악 소리, 책상 두드리는 소리 등 작은 소음들도 Open/Close의 두 가지 레이블 중 하나로 판단하여 문을 열고, 닫게 될 것입니다.

- 그런데 배경소음은 몇 개를 녹음해야 해?
- 데이터가 많으면 좋지만 학습시간이 오래 걸리니 10~15개 정도만 녹음하자.
- 나는 넉넉하게 15개 정도 입력했어.

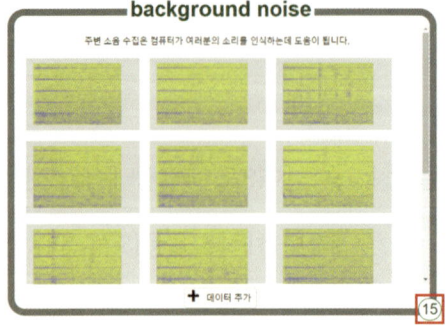

- 이제 'open'과 'close' 레이블도 추가해.

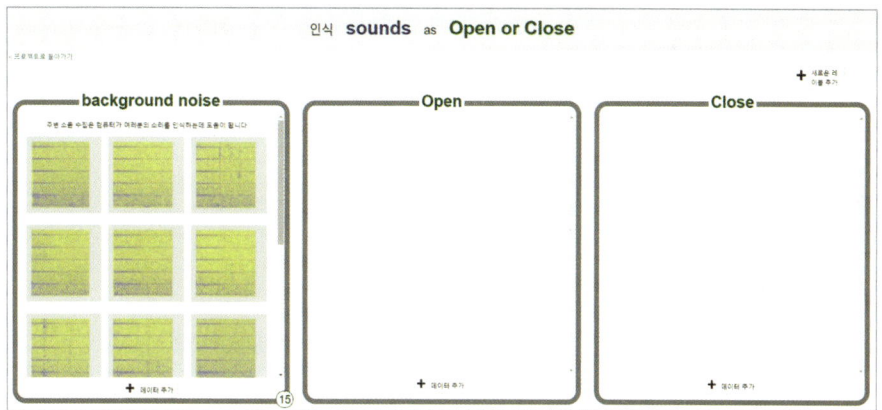

- 'open' 레이블에는 우리가 문을 열고 싶을 때 주로 사용하는 표현을 입력하면 돼.
- "문 열어.", "문 열어줘.", "문 좀 열어주세요.", "문 열어줄래?", "열려라!" 이런 표현을 말하는 거지?
- 'Close' 레이블에는 문을 닫고 싶을 때 주로 사용하는 표현을 입력하면 돼.
- "문 닫아줘.", "문 닫아.", "문 좀 닫아주세요.", "문 닫아줄래?", "닫혀라" 같은 표현을 입력할게.

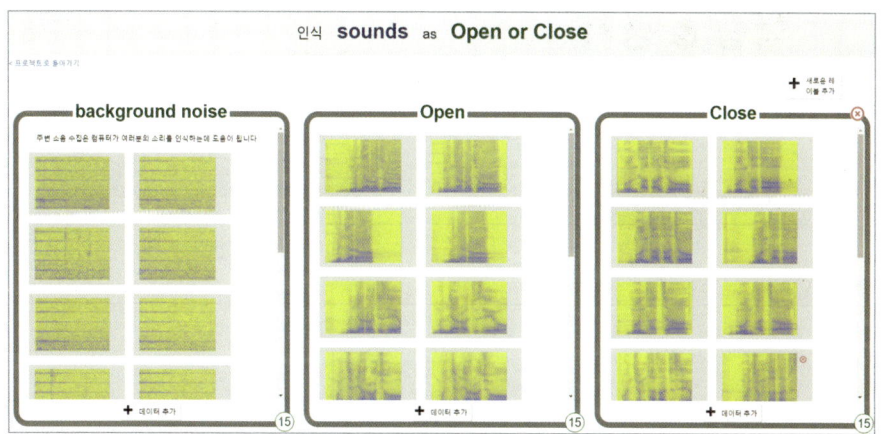

> 머신러닝포키즈에서 녹음 시간은 2초 정도입니다. 너무 긴 문장보다는 2초 안에 녹음될 수 있는 짧은 문장으로 데이터를 입력합니다.

- 모든 레이블에 소리를 15개씩 입력했어.
- < 프로젝트로 돌아가기를 클릭해서 인공지능을 학습시키러 가자.

학습&평가

- 인공지능을 학습시킬 차례야. '학습&평가'를 클릭하고 '새로운 머신 러닝 모델을 훈련시켜 보세요'로 들어가.

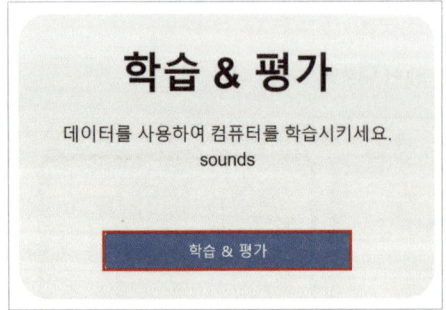 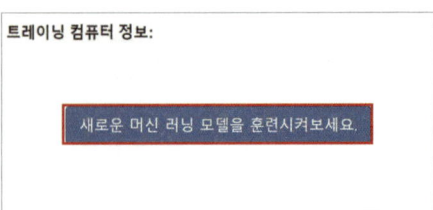

만약 '학습& 평가'로 들어갔는데 새로운 머신 러닝 모델을 훈련시켜보세요. 가 보이지 않는다면 데이터의 수가 부족한 것입니다. '소리' 프로젝트는 각 레이블에 최소한 8개 이상의 데이터를 입력해야 합니다. '훈련' 페이지로 돌아가서 소리 데이터를 추가하면 머신러닝 모델을 다시 훈련시킬 수 있습니다.

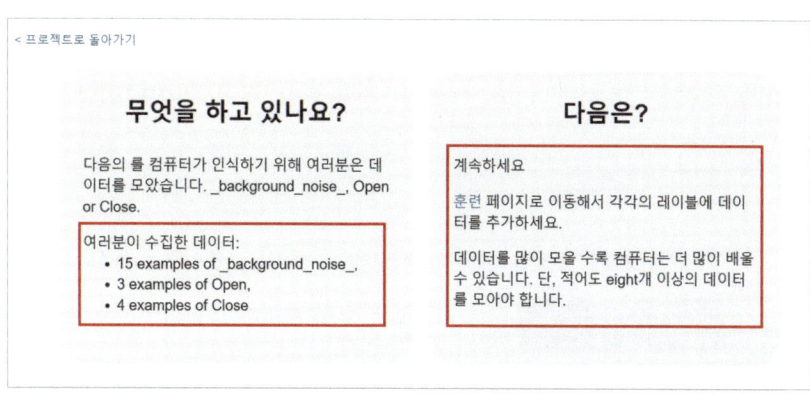

- 이제 인공지능이 다 훈련되었어.

- 훈련이 잘되었는지 확인해 볼까?
- '듣기 시작'을 누른 후 open/close와 관련된 말을 해 봐.

을 클릭하면 소리 듣기를 '시작'합니다. 를 클릭하면 소리 듣기를 '종료'합니다.

- 아까 녹음하지 않았던 표현으로 확인해야지. "문 좀 열어주시겠습니까?"
- 오! 우리가 훈련을 잘 시켰나 봐. 96%의 정확도로 문을 열어달라는 의미로 인식했어.

- 문 닫기도 녹음하지 않았던 표현으로 확인해 볼게. "문 좀 닫아주시겠습니까?"
- 94%의 정확도로 문을 닫아달라는 의미로 인식했네.

- 만약에 인공지능이 제대로 작동하지 않으면 어떻게 해?
- 그런 경우에는 추가 자료를 입력하거나 기존에 입력했던 자료들이 적절한지 확인해 보면 돼.

인공지능을 점검하였을 때, 제대로 작동하지 않는다면 다음과 같이 자료의 수를 늘리거나 새로운 자료를 입력하면 됩니다.

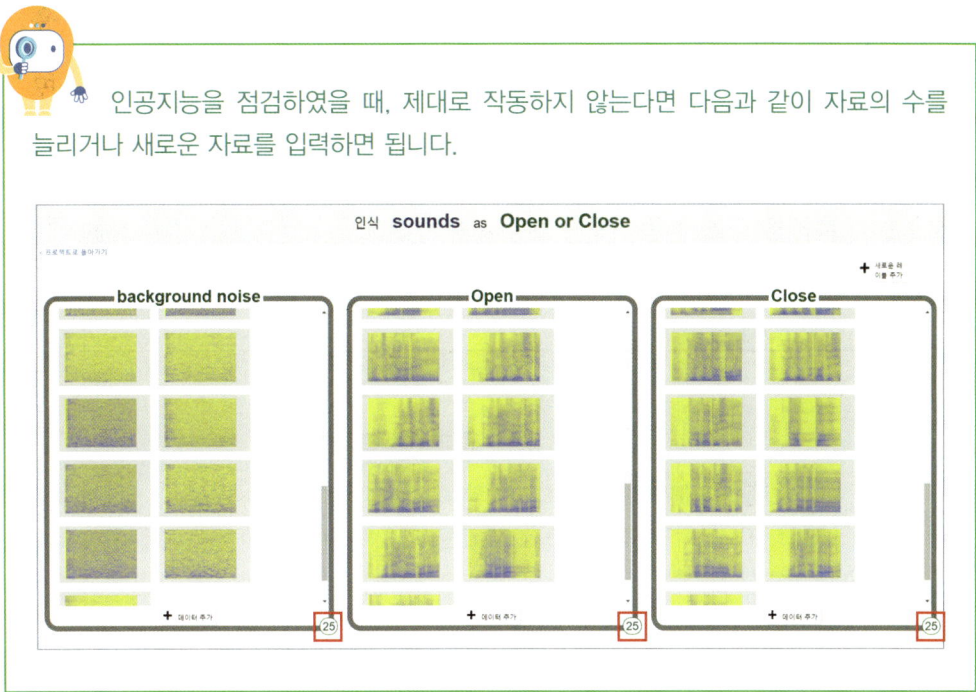

- '학습&평가'가 끝났으니 < 프로젝트로 돌아가기를 클릭해서 만들기로 가자.

만들기

- '만들기'를 클릭하면… 어? '스크래치 3'만 보여.

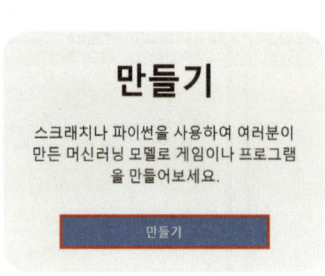 

- 머신러닝포키즈는 스크래치2, 스크래치3, 파이썬, 앱 인벤터를 지원하지만 아직까지 '소리' 데이터는 '스크래치3'에서만 이용할 수 있어.

- 그렇구나. 그럼 '스크래치 3'으로 들어가서 어떤 인공지능 블록들이 생겼는지 봐야겠다.

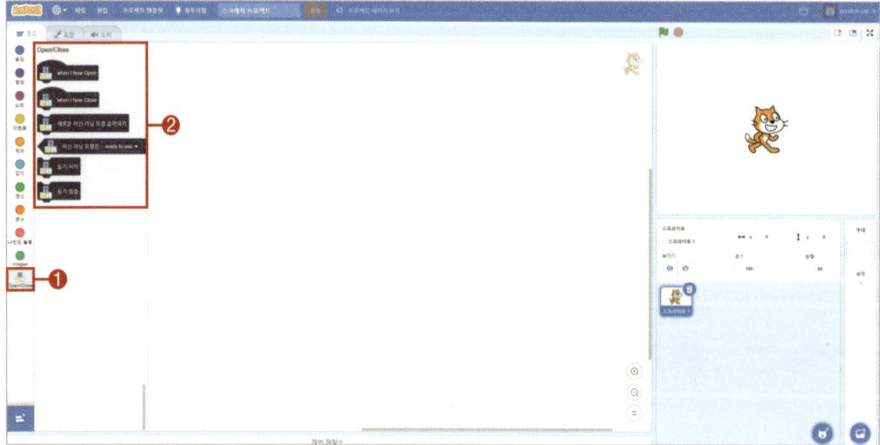

코딩 순서 생각하기

- 코딩 순서는 어떻게 하면 될까?
- 내가 "문 열어." 또는 "문 닫아."라고 말을 하면 인공지능이 인식하고 판단해서 문 스프라이트가 열리거나 닫히게 하면 되지?
- 맞아. 그럼 필요한 스프라이트 개수는?
- 문 스프라이트 1개!
- 아니야. 스프라이트는 2개가 필요해. 네 목소리를 인식해서 '문'에게 열리거나 닫히라고 명령을 내려 줄 스프라이트가 있어야 해.
- 아! 인공지능의 역할을 하는 스프라이트가 필요하구나. 그럼 고양이 스프라이트에게 그 역할을 맡겨야겠다.

필요한 스프라이트	− 고양이 스프라이트 − 문 스프라이트
프로그램 코딩 순서	① 우리가 하는 말을 고양이 스프라이트가 듣기 ② 인공지능이 들은 말을 판단하여 문 스프라이트에게 명령을 내리기 ③ 문 스프라이트가 명령을 받고 문을 열거나 닫기

스프라이트 추가하기

- 문 스프라이트를 추가해 볼까?
- 그런데 스크래치에는 '문' 스프라이트가 없어.
- 직접 그림을 그리거나 인터넷에서 다운로드하면 돼.
- 그러면 구글에서 '문' 그림을 다운로드할게.

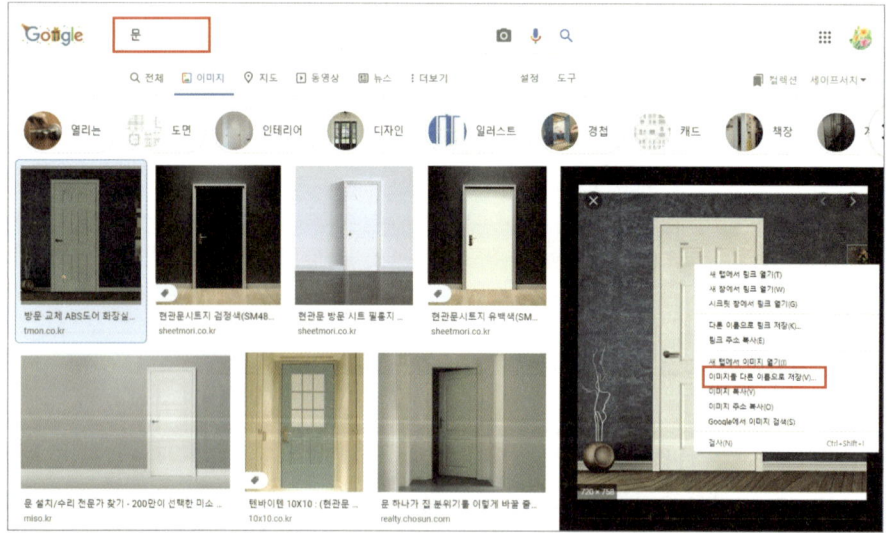

구글에서 '문'을 검색하면 여러 가지 이미지가 나타납니다. 원하는 문을 고른 후 마우스 오른쪽 버튼을 누르고 '이미지를 다른 이름으로 저장'을 클릭하면 다운로드됩니다.

- 두 종류의 문을 다운로드했어.

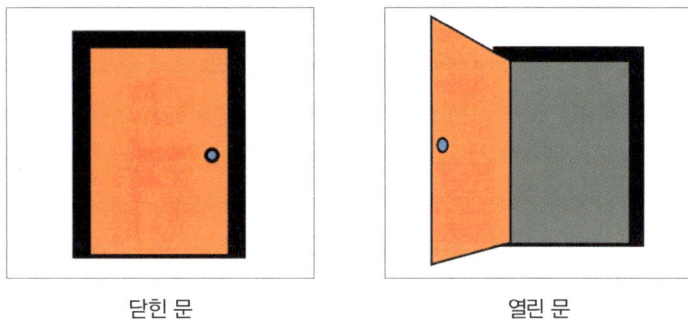

닫힌 문   열린 문

- 다운로드받은 문을 스크래치에 업로드하자. 에 마우스를 가져가면 스프라이트 업로드하기 가 나타날 거야.

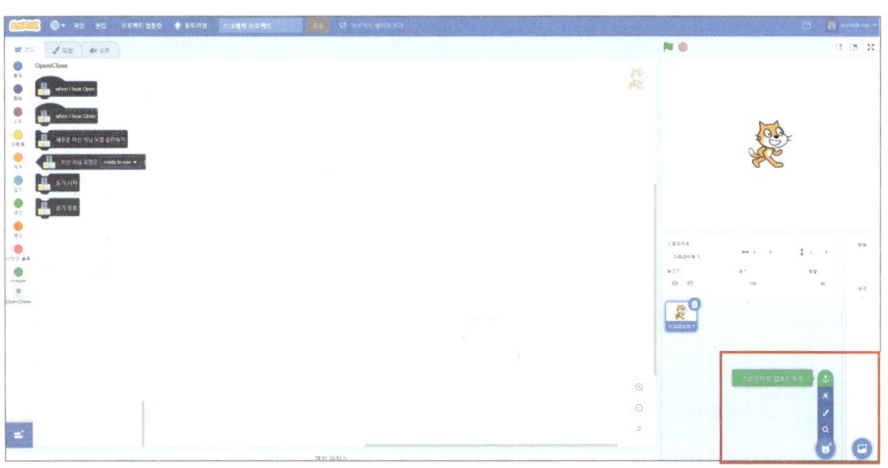

- 다운로드한 그림 중에서 '닫힌 문'만 업로드해.
- 왜 하나만 업로드해?
- 문 스프라이트에 닫힌 문과 열린 문 두 가지 모양을 업로드하기 위해서야.
  '닫힌 문' 스프라이트를 업로드하고 '열린 문' 모양을 추가해 줄 거야.

- 🚪스프라이트를 선택하고 🖌️모양 을 클릭해.

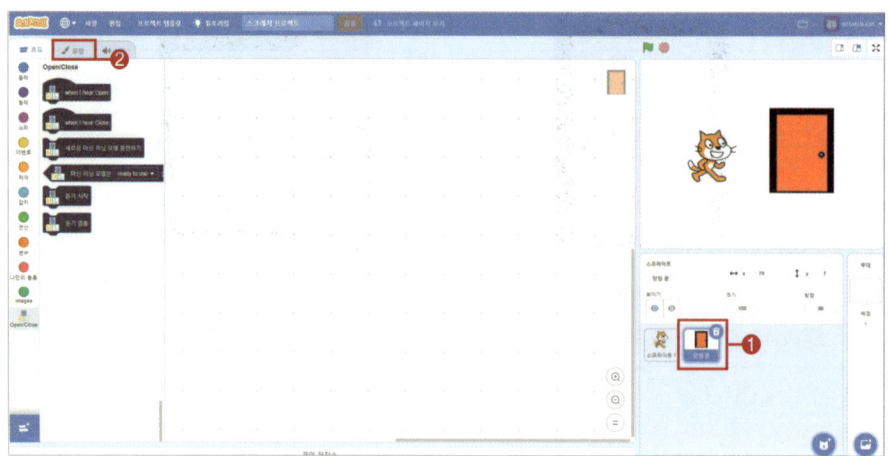

- 🐱에서 ⬆️ 모양 업로드하기 를 선택하면 '열린 문'도 업로드할 수 있어.

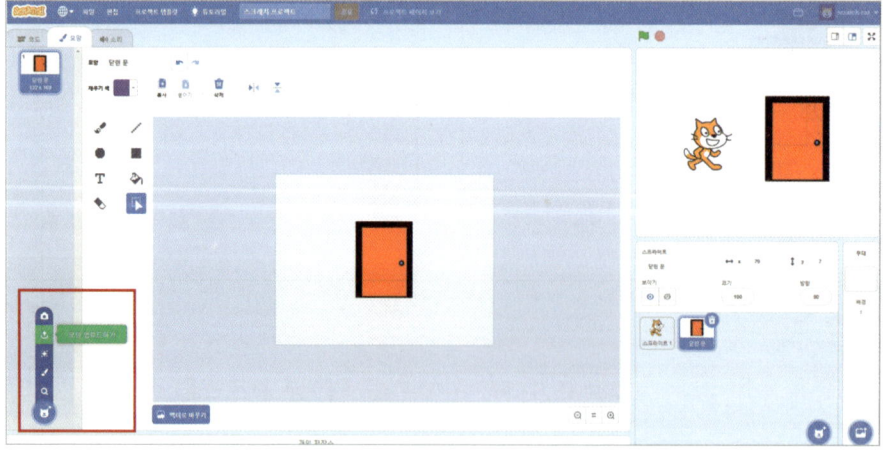

- 아! 이렇게 하니까 문 스프라이트에 '닫힌 문', '열린 문' 모양이 둘 다 들어갔네.

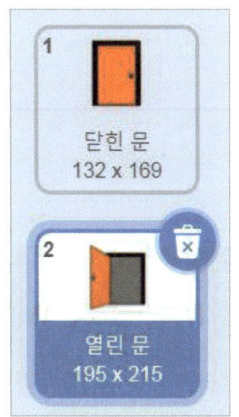

'스프라이트 업로드하기'는 문, 침대, 책상, 의자 등 스프라이트의 종류를 추가할 때 사용합니다. '모양 업로드하기'는 스프라이트는 '문'으로 동일하나 열린 문, 닫힌 문 등 모양을 추가할 때 사용합니다.

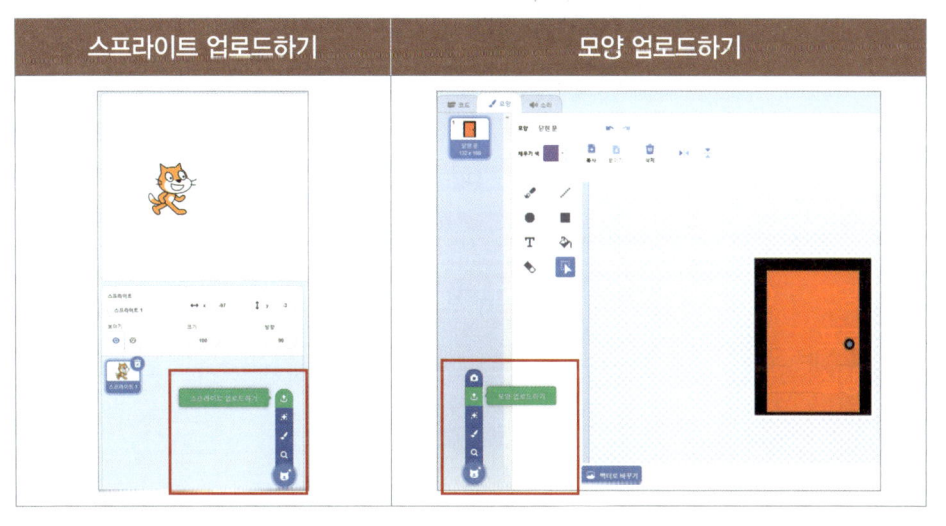

고양이 스프라이트 코딩하기

- 이제 '고양이 스프라이트' 코딩해 보자.
- 프로그램이 시작되면 내가 하는 말을 고양이가 들어야지?
- 아니, 그 전에 인공지능을 듣기 준비상태로 만들어야 해.
- 그러면 `클릭했을 때` 와 `까지 기다리기` , `머신 러닝 모델은 ready to use ▼ 상태인가요?` 가 필요하네.
- '소리' 데이터를 사용할 때는 매번 스크래치에서 인공지능을 새로 훈련시켜야 하니 `새로운 머신 러닝 모델 훈련하기` 도 필요해.

- ① 깃발을 클릭하면 ② 새로운 머신러닝 모델을 훈련시키고 ③ 인공지능이 듣기 준비상태가 된다. 이런 뜻이네!
- 인공지능이 듣기 준비상태가 되었는지 우리가 확인할 수 있는 방법도 필요해.
- 그건 말하기 블록으로 해결할 수 있어. 듣기 준비상태가 되면 '인공지능 준비 완료!'라고 말하게 하는 거지.

- 인공지능을 듣기 준비상태로 만들었네. 이번에는 네 목소리를 인식하게 해 보자.
- 을 사용하면 되지?
- 항상 듣는 것이 아니라 를 눌렀을 때만 듣게 해 줘. 초인종의 '띵동' 벨소리와 같은 역할이라고 할 수 있지.

- 이제 인공지능이 들은 말을 판단해서 명령을 내리는 코딩을 할 차례야.
- Open/Close 에 있는 when I hear Open ('문 열어'를 들었을 때)와, when I hear Close ('문 닫아'를 들었을 때)를 쓰면 되네.
- 문이 열리거나 닫히도록 신호를 보내야 하니  도 필요해.
- 메시지1에서 '새로운 메시지'를 클릭해서 보내는 신호 이름을 '문 열기'와 '문 닫기'로 바꿀게.

- 명령을 내린 후에는 듣기 멈춤 도 해 줘.

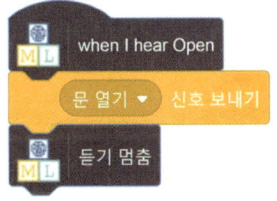 

-  블록으로 고마움도 표현해야지.

- 이제 '고양이' 스프라이트 완성~

문 스프라이트 코딩하기

- '문' 스프라이트를 코딩할 차례야. '문' 스프라이트를 선택해.

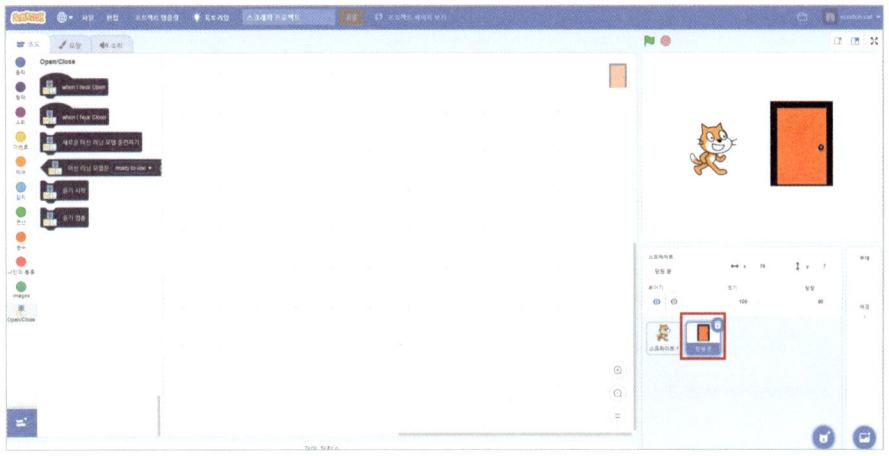

- 처음 시작할 때는 문이 닫혀 있어야겠지?

- '고양이' 스프라이트가 보낸 '신호'를 받을 것이니  가 필요해.

- '문 열기'와 '문 닫기' 2개로 만들게. 신호에 따라 문 모양도 바꾸어줘야겠다.

- "문이 열립니다.", "문이 닫힙니다."라고 말도 하게 해야지.

- 문 스프라이트도 완성!! 잘 만들어졌는지 확인하러 가자.

코딩 결과	

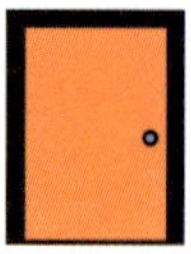

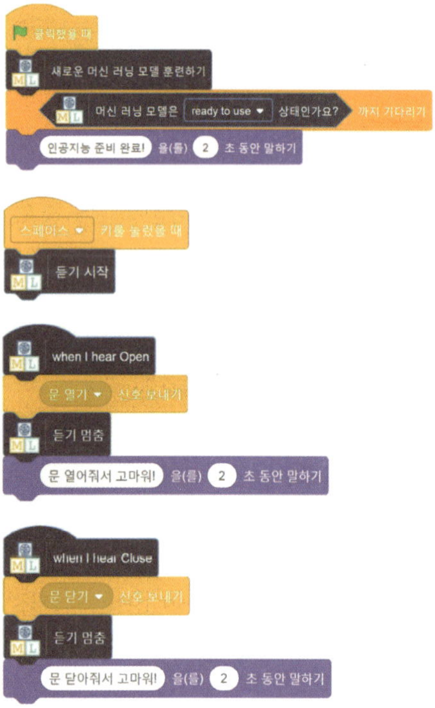

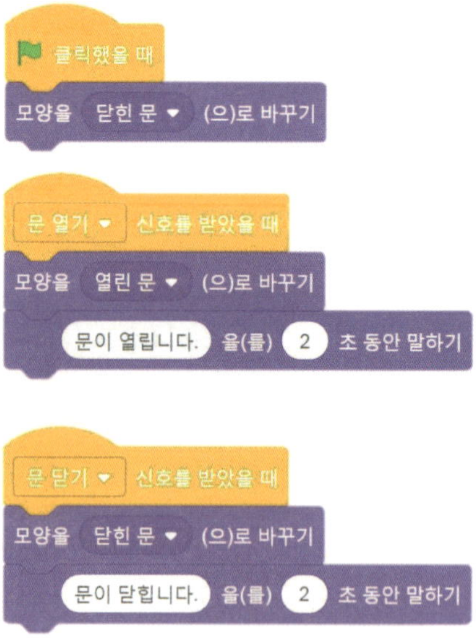

확인하기

- 🚩을 클릭해서 작동시켜 볼게!
- 잘 만들었으니까 멋지게 작동할 거야.
- '인공지능 준비 완료' 메시지가 나타났어. '스페이스' 키를 누르고 명령을 내릴게.

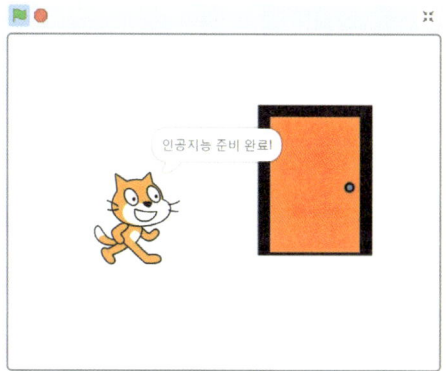

"문 열어주십시오."   "문 닫아주십시오."

- 멋지게 잘 작동하는데! '문 열어, 문 닫아' 프로젝트 성공!!

AI 놀이동산

학습목표	사람의 나이, 키, 무서움을 느끼는 정도에 따라 알맞은 놀이기구를 추천해 주는 인공지능을 만들어 봅시다.
준비물	– Machine Learning for Kids – Scratch 3.0
학습시간	30분
프로젝트의 특징	이 프로젝트는 머신러닝포키즈에서 사용할 수 있는 학습 훈련 데이터 중 '숫자' 데이터를 활용합니다.

프로젝트 순서					
생각하기	준비하기	훈련하기	학습&평가	만들기	확인하기
• 인공지능 프로그램 계획	• 머신러닝 포키즈 로그인 • 프로젝트 생성	• 레이블 생성 • 학습훈련 데이터 입력	• 머신러닝 훈련 • 훈련 결과 테스트	• 스크래치3.0 실행 • 코딩 순서 생각하기 • 스프라이트 추가하기 • 스프라이트 코딩하기	• 인공지능 프로그램 실행 • 수정·보완

생각하기

- 티봇, 나랑 같이 놀이동산 갈래?
- 좋아! 재미있는 놀이기구도 타고 맛있는 간식도 사 먹자.
- 엄마랑 동생도 같이 갈 거야.
- 그래? 동생은 몇 살이야? 키는 몇 센티미터지?
- 11살이고 120센티미터야. 나이랑 키는 왜?
- 나이와 키에 따라 탈 수 있는 놀이기구가 다르잖아.
- 아~ 그럼 동생은 어른들 놀이기구는 못 타겠다. 엄마도 무서운 놀이기구는 싫다고 하셔.
- 놀이동산에 가기 전에 나이와 키, 무서움을 느끼는 정도에 따라 알맞은 놀이기구를 추천해 주는 인공지능을 만들어 볼까?
- 좋아! 그리고 놀이동산에 가서 신나게 놀자.

준비하기

- 오늘도 머신러닝포키즈에 들어가면 되지?

  https://machinelearningforkids.co.uk

- 맞아. 로그인하고 프로젝트 추가를 클릭해 줘.

 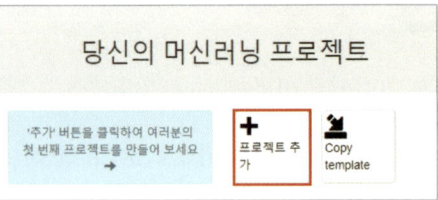

- 프로젝트 이름은 놀이동산이니까 'AI land'라고 하면 되겠다. 인공지능 놀이동산 이라는 뜻이야. 프로젝트 인식방법은 어떻게 해?
- 인식방법은 나이, 키, 무서움을 느끼는 정도를 입력하니까 '숫자'라고 하면 돼.

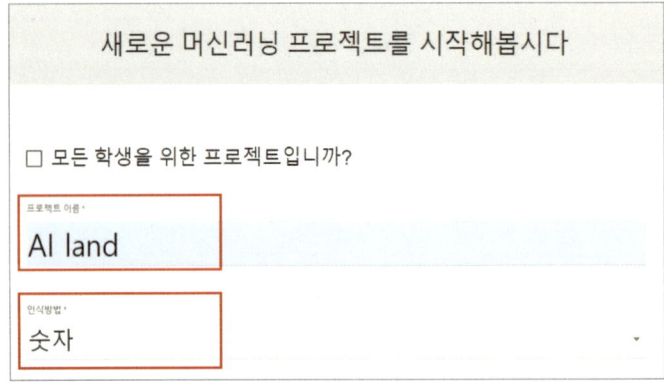

- ADD ANOTHER VALUE 를 눌러서 나이, 키, 무서움을 느끼는 정도를 '숫자'와 '선다형' 중에 '숫자'로 입력한다고 해 줘.

숫자 학습 훈련 데이터를 입력하는 방법은 '숫자'와 '선다형' 두 가지가 있습니다. '숫자'로 입력하는 방법은 나이, 키, 무서움을 느끼는 정도를 12, 148, 8처럼 직접 숫자로 입력하는 것이고, '선다형'으로 입력하는 방법은 0~5살, 6~15살, 16살 이상처럼 미리 선택 문항을 정해 준 뒤에 그 중에 선택하게 하는 것입니다.

- 'AI land' 프로젝트가 만들어졌어.

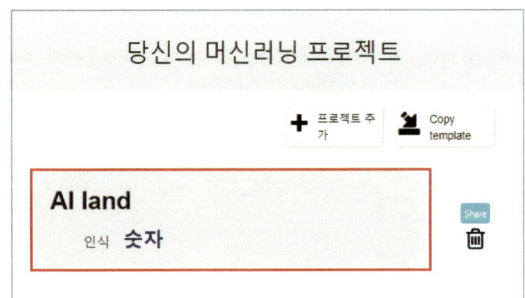

훈련하기

- 인공지능을 훈련시키러 가자.

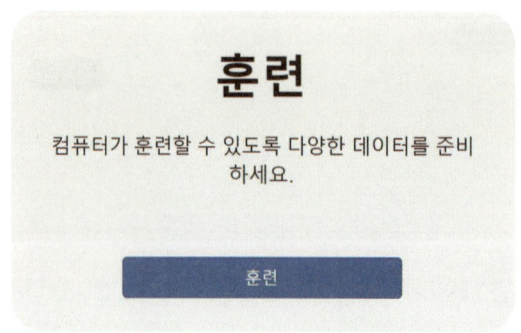

- 레이블은 '나이', '키', '무서움을 느끼는 정도' 이렇게 세 가지 만들면 돼?
- 아니, 레이블은 놀이기구 이름으로 만들어야 해. 나이, 키, 무서움을 느끼는 정도는 놀이기구 레이블 안에 학습 훈련 데이터로 들어갈 거야. 놀이기구를 난이도에 따라 회전목마, 범퍼카, 롤러코스터 세 개를 선택해서 레이블을 만들게.

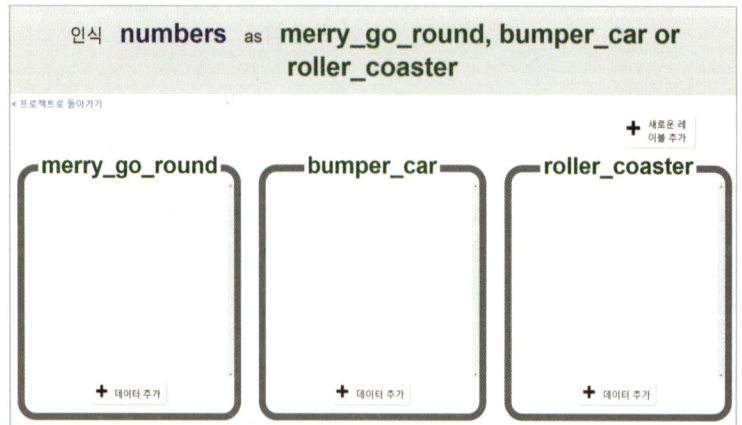

- 이제 데이터를 추가 해야지? 데이터 추가에 나이, 키, 무서움을 느끼는 정도를 입력하는구나.

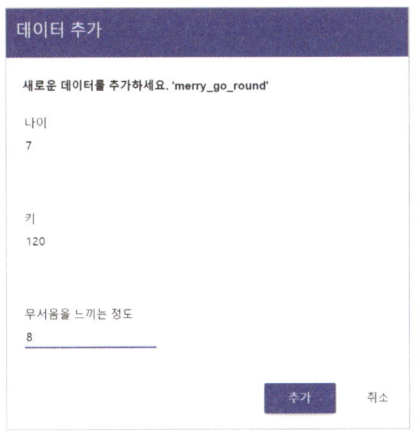 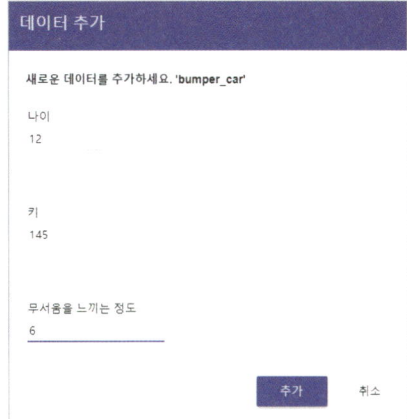

- 나이는 0살부터 80살, 키는 0~200cm, 무서움을 느끼는 정도는 0~10까지로 범위를 정하고 각 놀이기구에 알맞은 데이터를 학습시키면 돼. 예를 들어 12살, 155cm, 무서움을 느끼는 정도 8인 친구는 회전목마 레이블에 데이터를 학습시키는 거지.

놀이기구별 제한 범위		
회전목마	범퍼카	롤러코스터
• 나이: 0~80살 • 키: 0~200cm • 무서움을 느끼는 정도: 7~10	• 나이: 10~80살 • 키: 120~200cm • 무서움을 느끼는 정도: 1~6	• 키: 140~200cm • 무서움을 느끼는 정도: 1~3

무서움을 느끼는 정도는 사람마다 다르며 객관적으로 측정할 수 없습니다. 따라서 무서움을 느끼는 정도를 0에서 10까지의 범위로 정하고 자신에게 가장 알맞다고 생각되는 숫자를 고르는 주관적인 방식으로 측정합니다. 숫자가 0에 가까울수록 겁이 없으며 10에 가까울수록 무서움을 많이 느낍니다.

● 데이터를 많이 입력시킬수록 정확하게 놀이기구를 추천해 주겠지? 레이블별로 30개씩 입력시켰어.

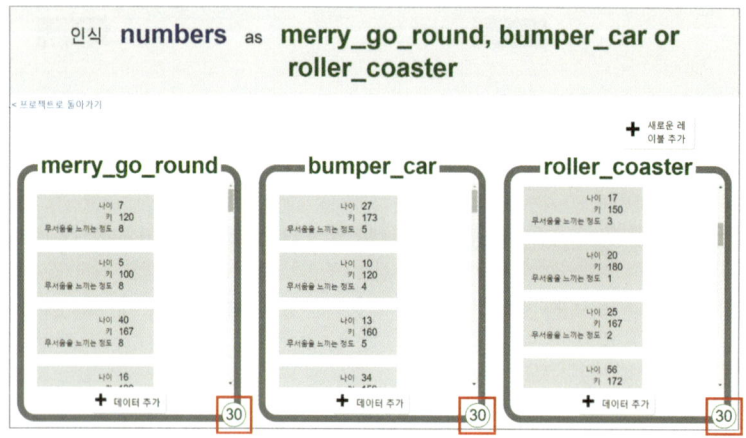

나이, 키, 무서움을 느끼는 정도에 따른 놀이기구 추천은 여러 가지 경우의 수가 많습니다. 12살이며 130cm인데 무서움을 느끼는 정도는 1인 친구도 있고, 34살이고 180cm이지만 무서움을 느끼는 정도는 9인 어른도 있습니다. 여러 가지 경우의 수를 조합하여 가능한 많은 데이터를 입력해야 인공지능이 정확히 놀이기구를 추천할 수 있습니다.

● 그럼 <프로젝트로 돌아가기를 클릭해서 인공지능을 학습시키러 가자.

학습&평가

- 학습&평가를 눌러 인공지능을 학습시키자!

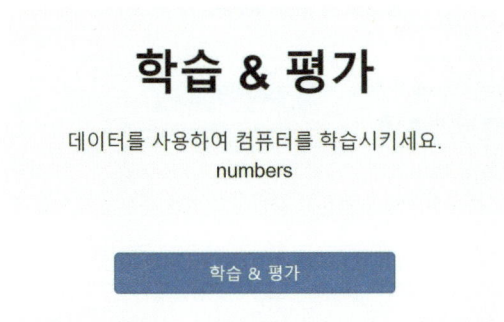

- '새로운 머신러닝 모델을 훈련시켜 보세요'를 클릭할게.

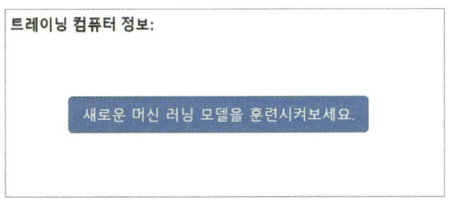

- 학습이 완료되었으니 잘 학습되었는지 테스트해 볼까?

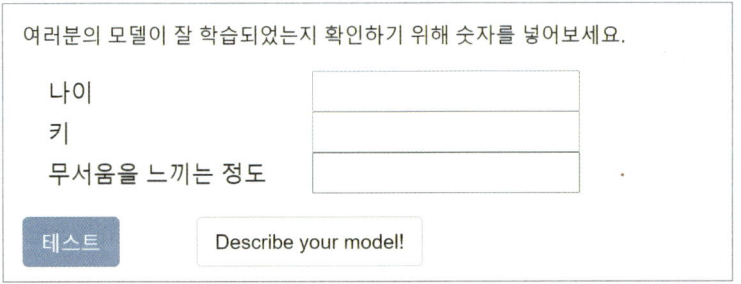

- 오! 모든 경우에 놀이기구를 잘 추천해 주고 있어.

  여러분의 모델이 잘 학습되었는지 확인하기 위해 숫자를 넣어보세요.
  나이 16
  키 170
  무서움을 느끼는 정도 7

  [테스트] [Describe your model!]

  merry_go_round(으)로 인식되었습니다.
  with 100% confidence

  여러분의 모델이 잘 학습되었는지 확인하기 위해 숫자를 넣어보세요.
  나이 25
  키 170
  무서움을 느끼는 정도 5

  [테스트] [Describe your model!]

  bumper_car(으)로 인식되었습니다.
  with 100% confidence

  여러분의 모델이 잘 학습되었는지 확인하기 위해 숫자를 넣어보세요.
  나이 19
  키 170
  무서움을 느끼는 정도 1

  [테스트] [Describe your model!]

  roller_coaster(으)로 인식되었습니다.
  with 100% confidence

- 인공지능이 잘 학습되었네. < 프로젝트로 돌아가기 를 클릭해서 프로그램을 만들어 보자.

만들기

'만들기'를 클릭해서 '스크래치 3'으로 들어갈게.

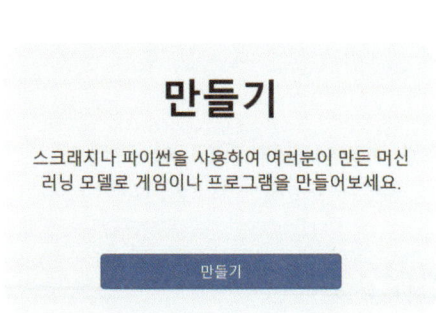 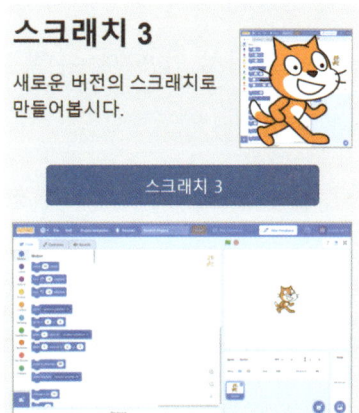

- 'AI land' 인공지능 블록들이 생겼지?

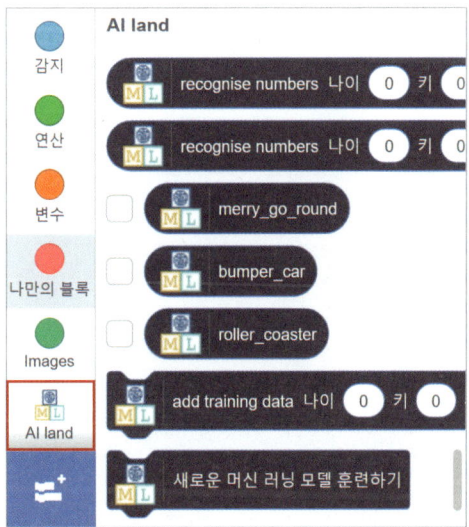

코딩 순서 생각하기

- 'AI land' 코딩 순서를 생각하자.
- 처음에는 안내로봇이 나와서 나이와 키, 무서움을 느끼는 정도를 물어 보게 할 거야.
- 대답을 듣고 나서 인공지능이 회전목마, 범퍼카, 롤러코스터 중에서 알맞은 놀이기구를 판단하겠지.
- 인공지능이 판단한 놀이기구가 짠! 하고 나타나면서 "OOO를 타러 오세요."라고 말하게 해야지.
- 필요한 스프라이트와 코딩 순서는 다음과 같겠네.

필요한 스프라이트	– 안내로봇 스프라이트 – 놀이기구 스프라이트
프로그램 코딩 순서	① 안내로봇이 나이, 키, 무서움을 느끼는 정도를 묻기 ② 인공지능이 대답을 인식하고 알맞은 놀이기구를 판단하기 ③ 인공지능의 판단에 따라 추천되는 놀이기구가 나타나면서 "OOO를 타러 오세요."라고 말하기

스프라이트 추가하기

- 안내로봇과 놀이기구 스프라이트를 추가하자.

- 고양이 스프라이트를 삭제하고 스프라이트 고르기에 들어갈게.

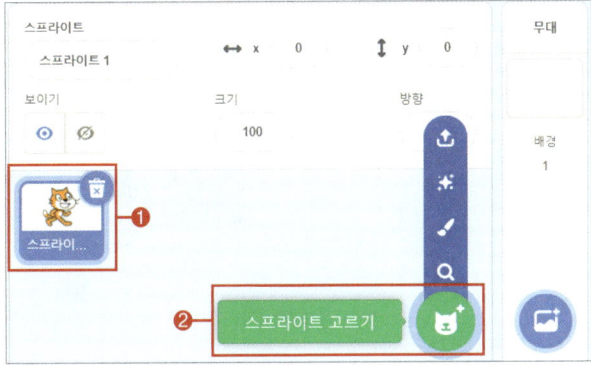

- robot를 검색했더니 안내로봇과 어울리는 스프라이트가 있어.

- 회전목마, 범퍼카, 롤러코스터와 어울리는 스프라이트는 없네.
- '문 열어, 문 닫아' 프로젝트를 만들 때처럼 이미지를 구글에서 찾아서 업로드하자.
- 구글에서 검색했더니 여러 가지 이미지가 있네. 마음에 드는 이미지를 다운받아야지.

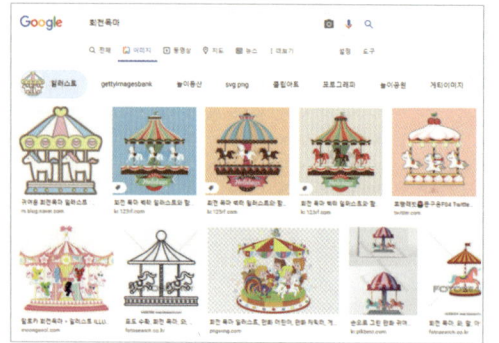 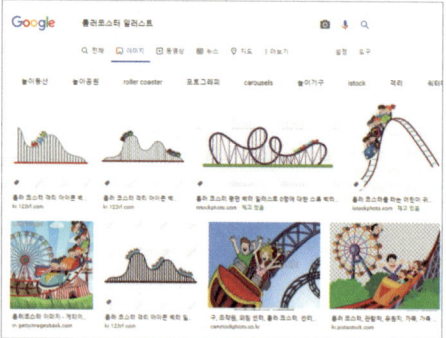

- 난 이런 이미지를 다운받았어.

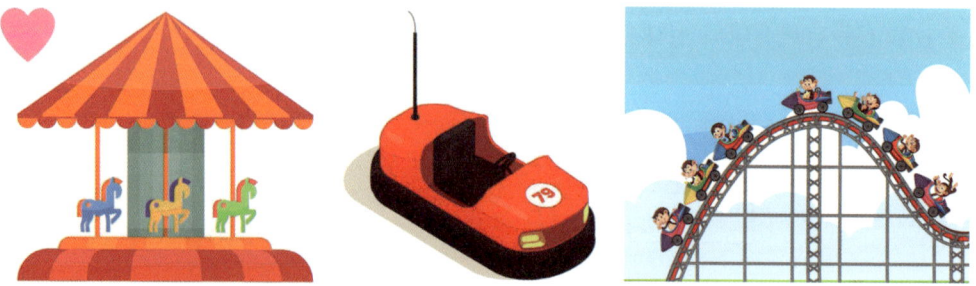

출처 : Designed by macrovector / Freepik

- 스크래치에 이미지를 등록할까? 스프라이트 업로드하기에서 회전목마 하나만 등록해 줘.

- 회전목마와 안내로봇을 보기 좋게 배치해야지. 크기도 알맞게 조절할 거야.
- 회전목마 스프라이트에 범퍼카와 롤러코스터의 모양을 추가하자. 모양 업로드하기로 들어가.

 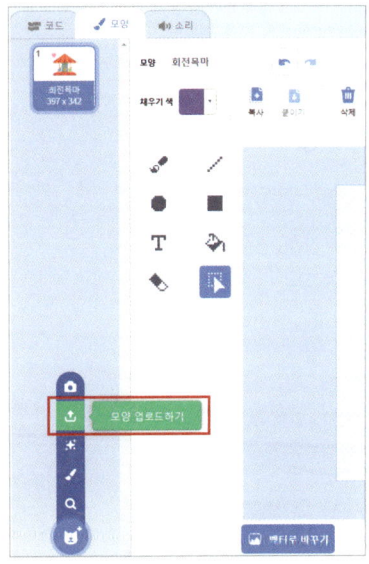

- 회전목마, 범퍼카, 롤러코스터 모양이 전부 생겼어.

- 이제 스프라이트는 준비 끝! 스프라이트를 코딩하러 가자.

안내로봇 스프라이트 코딩하기

- 먼저 안내로봇 스프라이트부터 코딩하자.

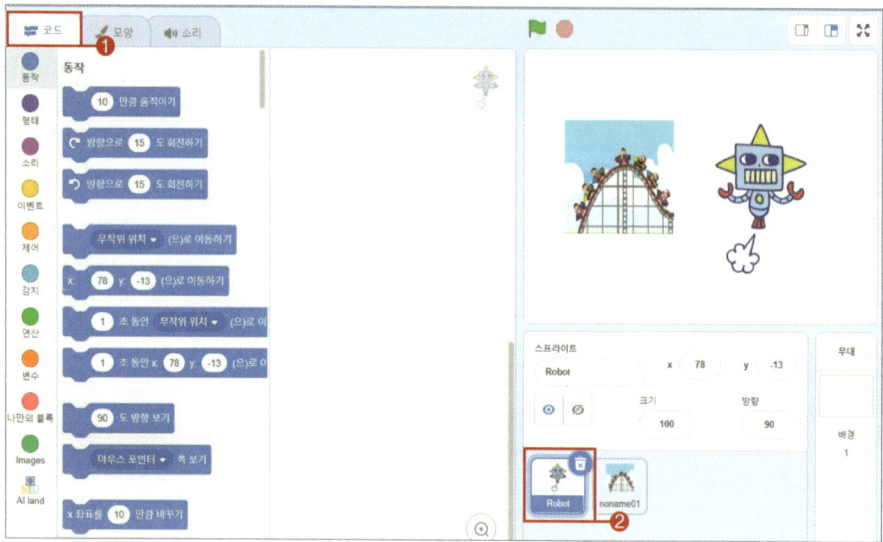

- 프로그램이 시작되면 안내로봇이 나이와 키, 무서움을 느끼는 정도를 물어봐야지?
- 응, 그러기 위해서는 변수에 대해 알아야 해.
- 변수가 뭐야?
- 사람마다 나이, 키, 무서움을 느끼는 정도에 대한 대답이 다르잖아. 그 모든 숫자를 하나하나 프로그래밍할 수 없으니 변수로 지정해 두는 거야.

> '변수'란 계속 변할 수 있는 숫자나 문자를 뜻합니다. 특정한 변수를 정해 두면 그 자리에 들어갈 수 있는 숫자나 문자는 여러 가지로 바뀔 수 있습니다. 예를 들면 '이름'이라는 변수를 정했을 때 그 안에는 김슬기, 이지훈, 배우리, 장준호 등 여러 가지 이름이 포함될 수 있습니다.

● 〔변수〕에서 변수 만들기로 들어가면 나이, 키, 무서움을 느끼는 정도에 대한 변수를 만들 수 있어. 세 가지 변수를 모두 만들어 줘.

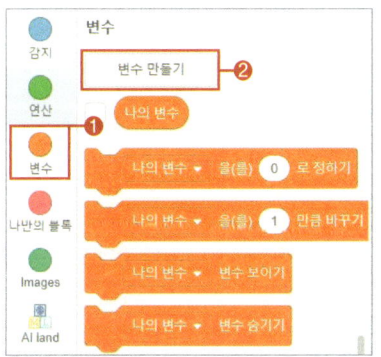 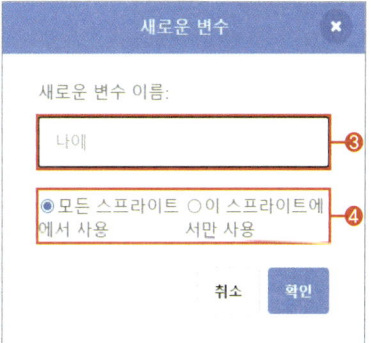

> '모든 스프라이트에서 사용'을 선택하면 안내로봇 스프라이트에서 만든 나이, 키, 무서움을 느끼는 정도 변수가 놀이기구 스프라이트에서도 작동됩니다.

- 변수 블록이 생겼네.

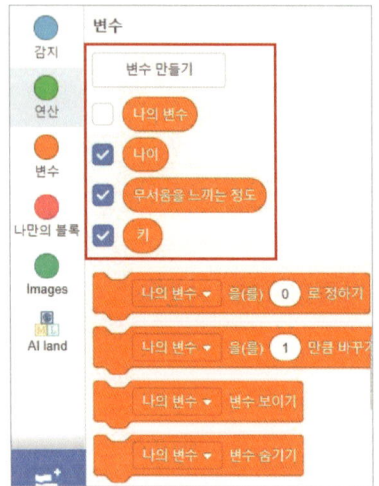 

- 변수의 범위를 정해 볼까? 마우스 오른쪽 버튼을 누르면 슬라이더 사용하기가 나와. change slider range를 선택하면 변수의 범위를 정할 수 있어.

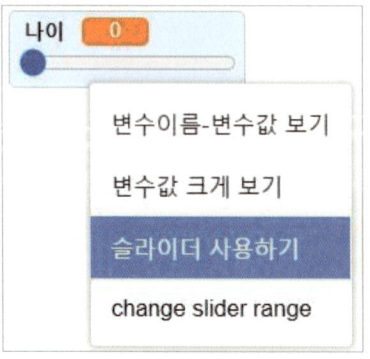 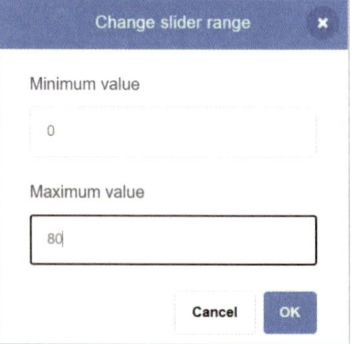

- 나이는 0~80살, 키는 0~200cm, 무서움을 느끼는 정도는 0~10으로 변수 범위를 정하면 되네.

- 이제 안내로봇 스프라이트를 코딩하자. 프로그램이 시작되면 모든 변수값을 0으로 만들어야 해.

- 그리고 나이, 키, 무서움을 느끼는 정도를 차례대로 물으면 되지?
- 대답에 따라 변수값이 변하도록 해 줘.

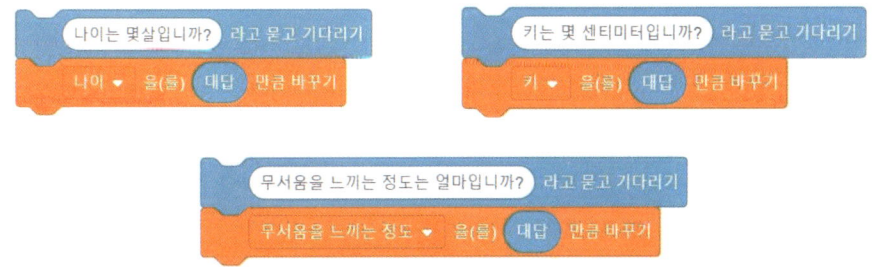

- 대답 결과를 놀이기구 스프라이트에 '메시지1' 신호로 보내게 하면 안내로봇 스프라이트 코딩 끝!

```
🏁 클릭했을 때
나이 ▼ 을(를) 0 로 정하기
키 ▼ 을(를) 0 로 정하기
무서움을 느끼는 정도 ▼ 을(를) 0 로 정하기
나이는 몇살입니까? 라고 묻고 기다리기
나이 ▼ 을(를) 대답 만큼 바꾸기
키는 몇 센티미터입니까? 라고 묻고 기다리기
키 ▼ 을(를) 대답 만큼 바꾸기
무서움을 느끼는 정도는 얼마입니까? 라고 묻고 기다리기
무서움을 느끼는 정도 ▼ 을(를) 대답 만큼 바꾸기
메시지1 ▼ 신호 보내기
```

놀이기구 스프라이트 코딩하기

- 이제 놀이기구 스프라이트를 코딩할 차례야. 놀이기구 스프라이트를 선택해 줘.

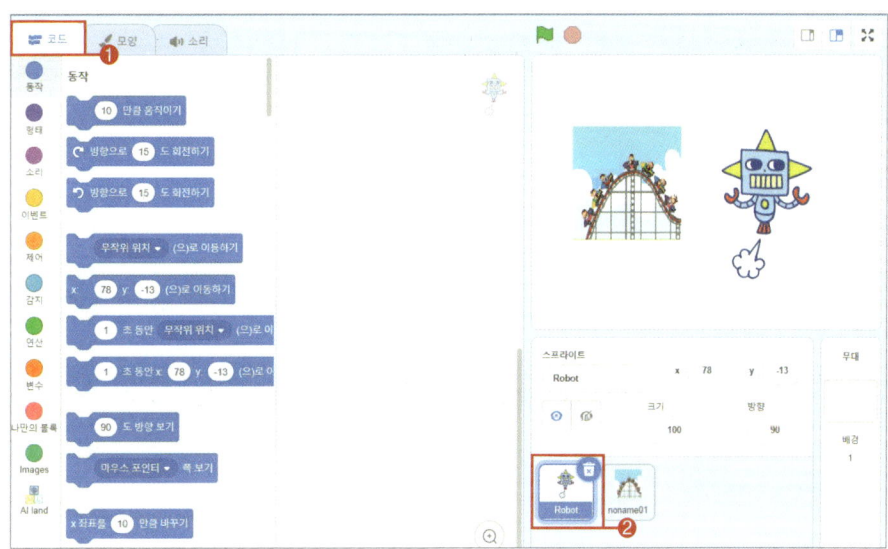

- 안내로봇이 신호를 보냈으니까 놀이기구 스프라이트는 '메시지1 신호를 받았을 때'로 시작하면 되겠다.
- 아니, 프로그램이 시작되면 놀이기구 스프라이트를 숨겨야 해. 그래야 메시지1 신호를 받으면 짠! 하고 나타날 수 있어.

- 메시지 내용에 따라 놀이기구 모양이 다르게 나타나게 해야지?
- 응, 인공지능이 메시지를 듣고 어떤 놀이기구가 좋은지 판단해서 추천해야 하니까 인공지능 블록을 사용하자.
- '만약 나이, 키, 무서움을 느끼는 정도의 값이 회전목마와 같다면' 이렇게 블록을 연결하면 돼?

[만약 recognise numbers 나이 [나이] 키 [키] 무서움을 느끼는 정도 [무서움을 느끼는 정도] (label) = merry_go_round (이)라면]

- 잘 연결했어. 그리고 스프라이트 모양이 회전목마로 바뀌면서 "회전목마를 타러 오세요."라고 말하게 해 줘.

[만약 recognise numbers 나이 [나이] 키 [키] 무서움을 느끼는 정도 [무서움을 느끼는 정도] (label) = merry_go_round (이)라면
  모양을 회전목마 ▼ (으)로 바꾸기
  회전목마를 타러 오세요 말하기]

- 메시지 내용이 범퍼카와 롤러코스터일 경우도 똑같이 코딩하면 되지?

[만약 recognise numbers 나이 [나이] 키 [키] 무서움을 느끼는 정도 [무서움을 느끼는 정도] (label) = bumper_car (이)라면
  모양을 범퍼카 ▼ (으)로 바꾸기
  범퍼카를 타러 오세요 말하기]

[만약 recognise numbers 나이 [나이] 키 [키] 무서움을 느끼는 정도 [무서움을 느끼는 정도] (label) = roller_coaster (이)라면
  모양을 롤러코스터 ▼ (으)로 바꾸기
  롤러코스터를 타러 오세요 말하기]

● 모든 블록을 연결하면 놀이기구 스프라이트도 코딩 끝!

```
[깃발 클릭했을 때]
숨기기

[메시지1 ▼ 신호를 받았을 때]
보이기
만약 < recognise numbers 나이 (나이) 키 (키) 무서움을 느끼는 정도 (무서움을 느끼는 정도) (label) = merry_go_round > (이)라면
    모양을 회전목마 ▼ (으)로 바꾸기
    회전목마를 타러 오세요 말하기
만약 < recognise numbers 나이 (나이) 키 (키) 무서움을 느끼는 정도 (무서움을 느끼는 정도) (label) = bumper_car > (이)라면
    모양을 범퍼카 ▼ (으)로 바꾸기
    범퍼카를 타러 오세요 말하기
만약 < recognise numbers 나이 (나이) 키 (키) 무서움을 느끼는 정도 (무서움을 느끼는 정도) (label) = roller_coaster > (이)라면
    모양을 롤러코스터 ▼ (으)로 바꾸기
    롤러코스터를 타러 오세요 말하기
```

코딩 결과

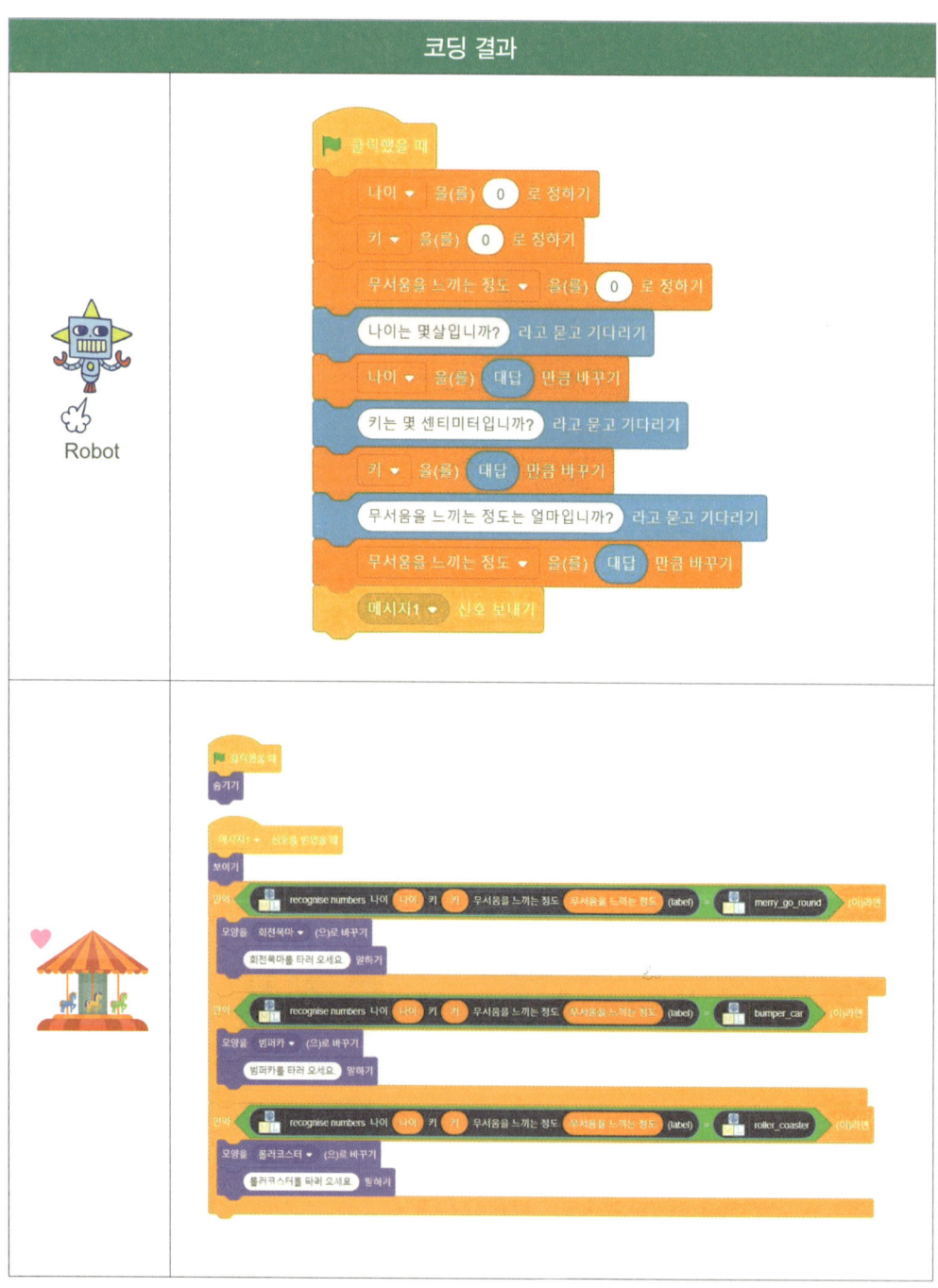

확인하기

- 이제 안내로봇한테 놀이기구를 추천받아 볼까?
- 동생의 나이, 키, 무서움을 느끼는 정도를 입력하고 테스트해 봐.
- 테스트했더니 동생은 범퍼카를 타면 된대.

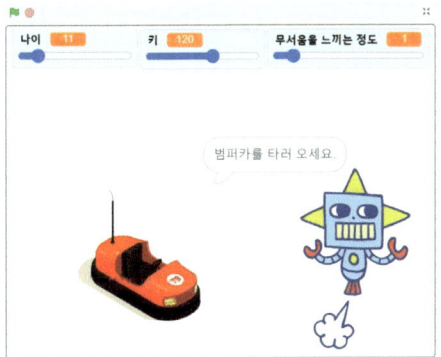

- 다른 사람들도 테스트 결과가 잘 나오네. 'AI 놀이동산' 프로젝트 성공!!

 **나와 닮은 연예인**

학습목표	나와 닮은 연예인을 찾아주는 인공지능을 만들어 봅시다.
준비물	– Machine Learning for Kids – Scratch 3.0 – BTS 멤버들 사진 여러 장 – 내 사진 1장 – 친구들 사진 여러 장
학습시간	30분
프로젝트의 특징	이 프로젝트는 머신러닝포키즈에서 사용할 수 있는 학습 훈련 데이터 중 '이미지' 데이터를 활용합니다.

프로젝트 순서					
생각하기	준비하기	훈련하기	학습&평가	만들기	확인하기
• 인공지능 프로그램 계획	• 머신러닝 포키즈 로그인 • 프로젝트 생성	• 레이블 생성 • 학습훈련 데이터 입력	• 머신러닝 훈련 • 훈련 결과 테스트	• 스크래치3.0 실행 • 코딩 순서 생각하기 • 스프라이트 추가하기 • 스프라이트 코딩하기	• 인공지능 프로그램 실행 • 수정·보완

생각하기

- 오! 티봇, 나 엄청 신기한 어플을 발견했어! 내 얼굴을 찍으면 나랑 닮은 연예인을 찾아줘!
- 아~ 알겠다. 인공지능을 활용한 어플 같은데?
- 그래?
- 많은 연예인들의 얼굴을 학습한 인공지능이 네 얼굴과 가장 비슷한 연예인을 찾아주는 거야.
- 인공지능은 정말 똑똑하구나. 이런 걸 만드는 사람은 정말 대단한 것 같아!
- 너도 만들 수 있어! 나랑 같이 해 볼까?
- 응! 티봇, 잘 부탁해! 무엇이 필요해?
- 좋아하는 연예인 사진 여러 장이랑 네 사진이 필요해.
- 난 BTS의 팬이야! BTS 멤버들의 사진을 가져 올래.
- 좋아, 머신러닝포키즈를 활용하여 '나와 닮은 연예인' 인공지능을 만들어 보자!

준비하기

- 머신러닝포키즈에 들어가면 되지? https://machinelearningforkids.co.uk

- 응, 로그인하고 프로젝트 추가해 줘!

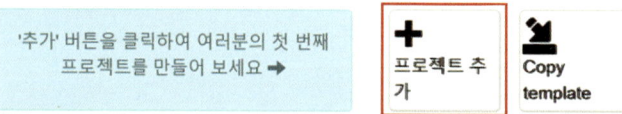

- 프로젝트 이름과 인식방법을 입력해야지. 이름은 'guess_myface', 인식방법은 '이미지'라고 해야겠다.

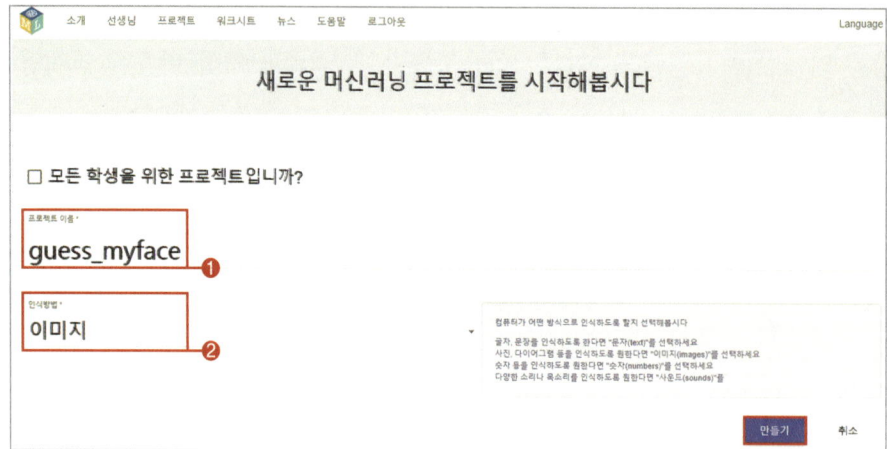

- 'guess_myface' 프로젝트가 만들어졌어.

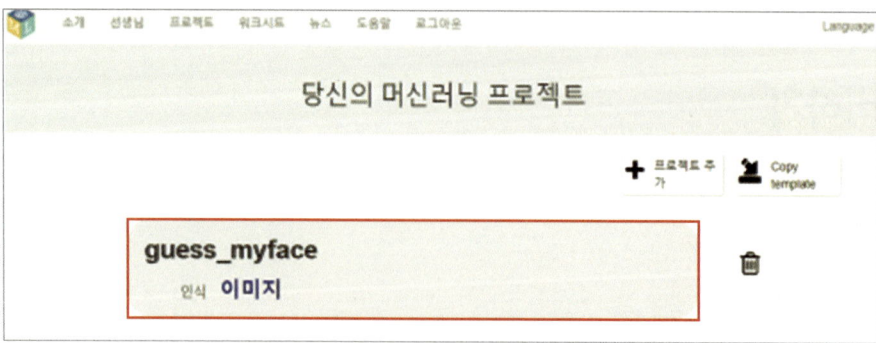

훈련하기

- 이제 인공지능을 훈련시킬 차례야.

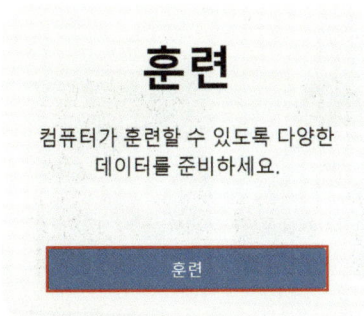

- 레이블도 만들어야 해. BTS의 팬이라고 했지?
- 응, 내가 BTS의 어떤 멤버와 닮았는지 궁금해. BTS 멤버는 총 7명이니 레이블을 7개 만들어야겠다.

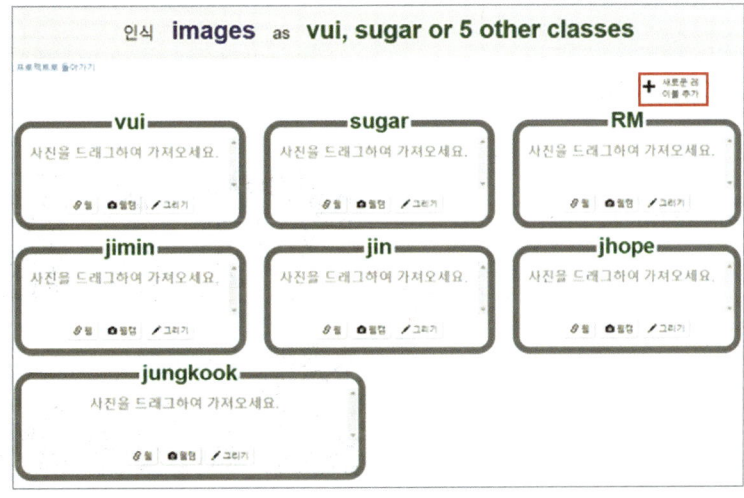

- 이제 멤버들의 얼굴을 인공지능에게 학습시키자. 멤버들 사진이 많이 필요한데 구글에서 검색하면 얻을 수 있어. 구글에서 '이미지'를 클릭하면 사진들만 보여.

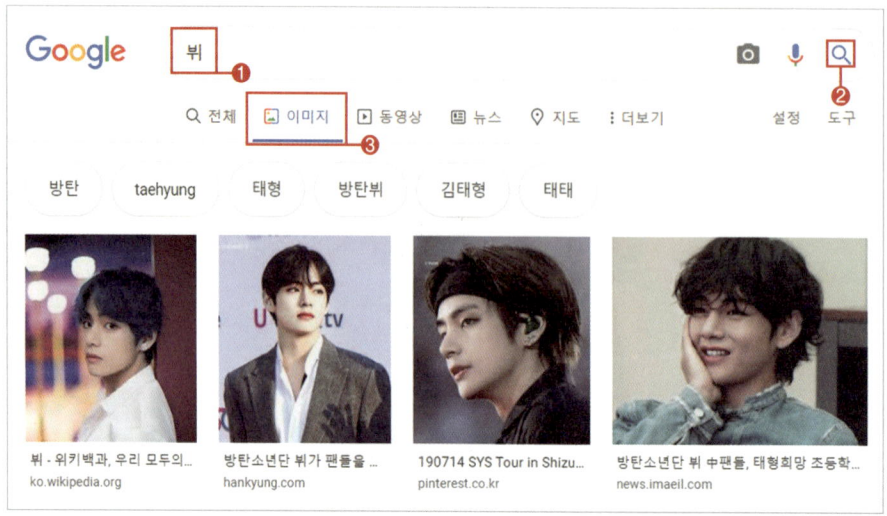

- 구글 사진을 머신러닝포키즈로 옮기는 편한 방법을 알려줄게. 마음에 드는 사진을 머신러닝포키즈의 레이블 안으로 드래그해 봐.
- 오! 이미지를 쉽게 옮길 수 있어서 정말 편하다.

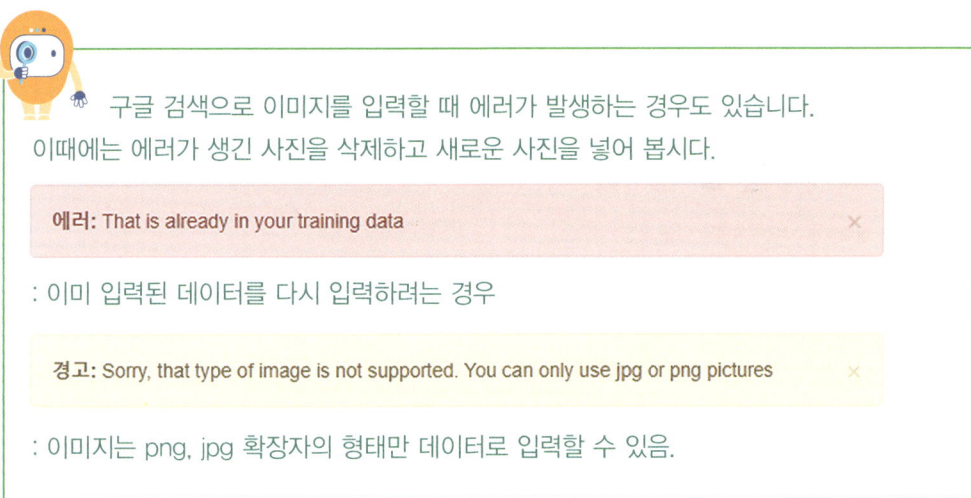

머신러닝포키즈에 구글 검색으로 이미지를 입력하는 방법은 인터넷 익스플로러에서는 작동하지 않습니다. 크롬 브라우저를 이용해서 이미지를 입력해 주세요.

구글 검색으로 이미지를 입력할 때 에러가 발생하는 경우도 있습니다.
이때에는 에러가 생긴 사진을 삭제하고 새로운 사진을 넣어 봅시다.

에러: That is already in your training data

: 이미 입력된 데이터를 다시 입력하려는 경우

경고: Sorry, that type of image is not supported. You can only use jpg or png pictures

: 이미지는 png, jpg 확장자의 형태만 데이터로 입력할 수 있음.

- 각 레이블에 멤버들의 사진을 넣어줘. 10장 이상이면 인공지능이 학습하는 데 충분할 거야!

- 레이블을 다 채웠으면 인공지능을 학습시키러 갈까? <프로젝트로 돌아가기를 클릭해 봐.

학습&평가

- '학습&평가'에서 '새로운 머신 러닝 모델을 훈련시켜 보세요'를 클릭할게.

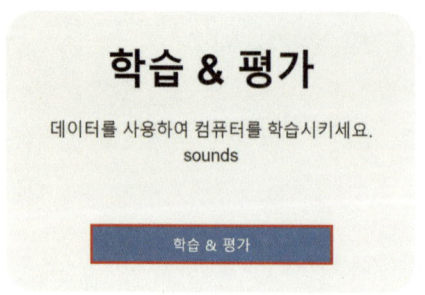 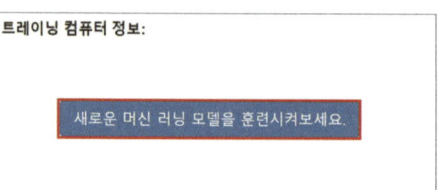

- 훈련 끝~!! 잘 학습되었는지 한번 테스트해 볼까?

- '웹캠으로 테스트하기'를 클릭하면 테스트할 수 있어.

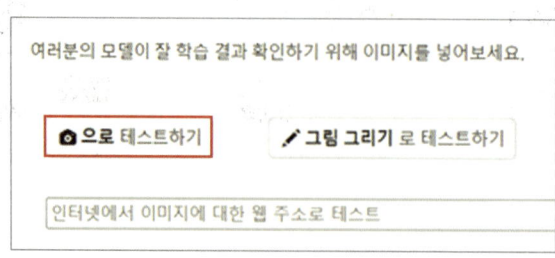

- 훈련 때 사용하지 않았던 새로운 정국의 사진으로 테스트해 볼래.

- 88%의 정확도로 정국으로 인식하고 있어.

- 정확도가 떨어지면 < 프로젝트로 돌아가기를 클릭해서 방금 학습시킬 때와 같은 방법으로 다른 이미지를 추가하여 학습시켜주면 돼.

- 이 인공지능은 학습이 잘 된 것 같아.

- 좋았어! < 프로젝트로 돌아가기 클릭하고 코딩 준비를 해 보자.

만들기

'만들기' 버튼을 클릭해.

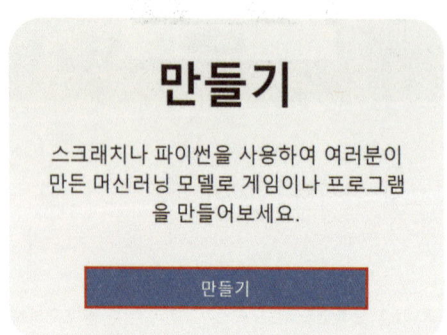

- '스크래치 3'에서 나와 닮은 연예인 프로그램을 만들자.

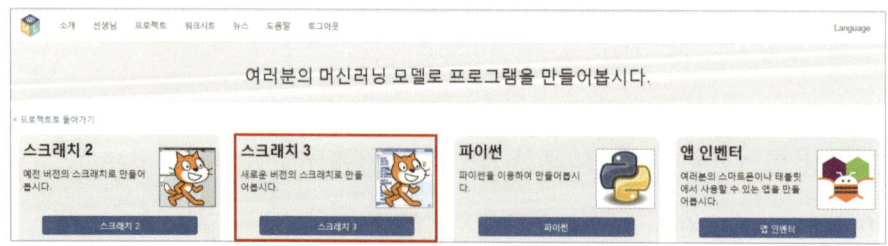

- '스크래치 3'에 인공지능 블록들이 생겼는지 확인해.

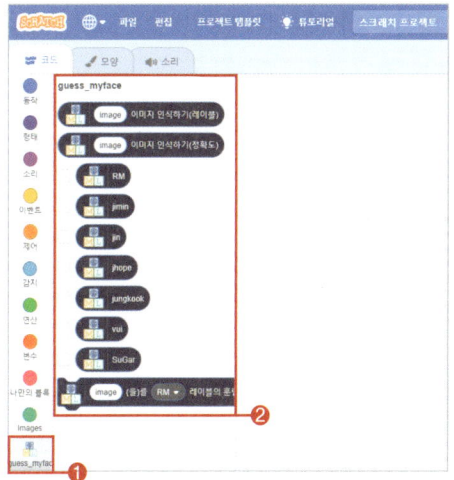 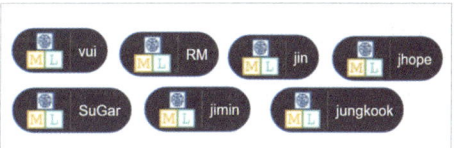

코딩 순서 생각하기

- 나와 닮은 연예인은 어떤 순서로 코딩을 할까?
- 나와 친구들이 BTS 멤버들 중 누구를 닮았는지 말해 주는 인공지능이니까 먼저 스크래치 화면에 나 또는 친구들 사진이 나타나야겠지?
- 너와 친구들 사진이 무작위로 바뀌다가 한 명 얼굴이 나타나게 하면 재미있겠다.
- 그러면 인공지능이 그 사진을 보고 BTS 멤버들 중 누구와 닮았는지 판단해서 닮은 연예인을 말해 주면 되겠네?
- 그럼 필요한 스프라이트는 뭐야?
- 나와 친구들 얼굴 사진이 번갈아 나타나야 하니까 사진 스프라이트가 필요해.

필요한 스프라이트	– 사진 스프라이트
프로그램 코딩 순서	① 나와 친구들 얼굴 사진이 무작위로 번갈아 바뀌기 ② 번갈아 바뀌다가 한 명 사진으로 정지되어 나타나면 인공지능이 인식하기 ③ 인식한 이미지와 닮은 BTS 멤버를 말하기

스프라이트 추가하기

- 먼저 너의 사진과 테스트하고 싶은 이미지를 추가하자.

- 　　　　　　　　　 버튼을 클릭하면 너와 친구들 사진을 업로드할 수 있어.

자신과 친구들의 사진을 컴퓨터에 저장해 두어야 모양 업로드에서 불러오기를 할 수 있습니다.

● 왼쪽에 나와 친구들 목록이 생겼어!

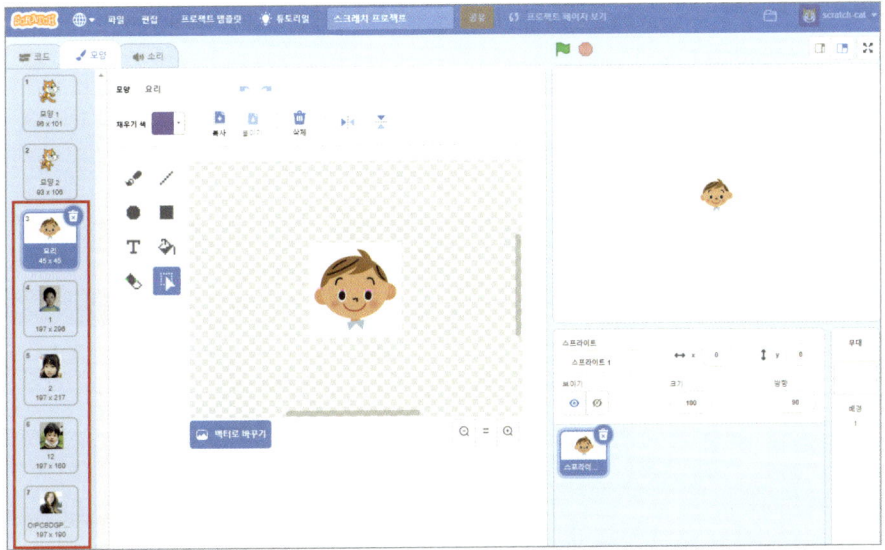

- 그런데 필요 없는 고양이 모양이 있네? 2개의 고양이 모양은 지워줘.

- 이제 모양 추가 끝!

스프라이트 코딩하기

- 처음에는 나와 친구들 얼굴 사진이 무작위로 나타나게 해야지?
- 응, 그러면 어떤 블록이 필요해?
-  와 가 필요할 것 같아.
- 그리고 너와 친구들 사진이 계속 무작위로 바뀌어야 하니까 안에 1 부터 10 사이의 난수 를 넣어야 해.
- 초록색 블록 안의 숫자 1과 10은 뭐야?

- 아까 모양 추가에 너와 친구들 사진을 10장 입력했지? 그래서 사진이 1번부터 10번까지 중에 무작위로 바뀐다는 뜻이야.
- 만약 나와 친구들 사진을 5장 입력했으면 숫자를 1과 5로 고치면 되네?
- 그렇지. 이제 블록들을 다 연결해 볼까?

- 　를 누르니 나와 내 친구들 사진이 빠르게 바뀌면서 번갈아 나타나.
- 이제 인공지능이 사진을 인식해서 누구를 닮았는지 말하도록 해 보자. 어떤 인공지능 블록이 필요해?
- 　에서 　를 사용하면 인공지능이 이미지를 인식할 수 있을 것 같아! 'image' 글자에는 　를 넣어야겠지.
- 인공지능이 인식한 결과를 판단해서 '○○과 닮았어.'라고 말하게 하려면 　도 필요해.
- '가위'에 인공지능 블록을 넣고 '나무'에 '○○과 닮았어'를 넣으면 되겠지?
- 응. 이걸 　과 연결하여 말하게 해. 그리고 　도 연결하면 생각하는 모습을 표현할 수 있어.

- 코딩 끝! 우리가 만든 인공지능을 확인해 보러 가자!

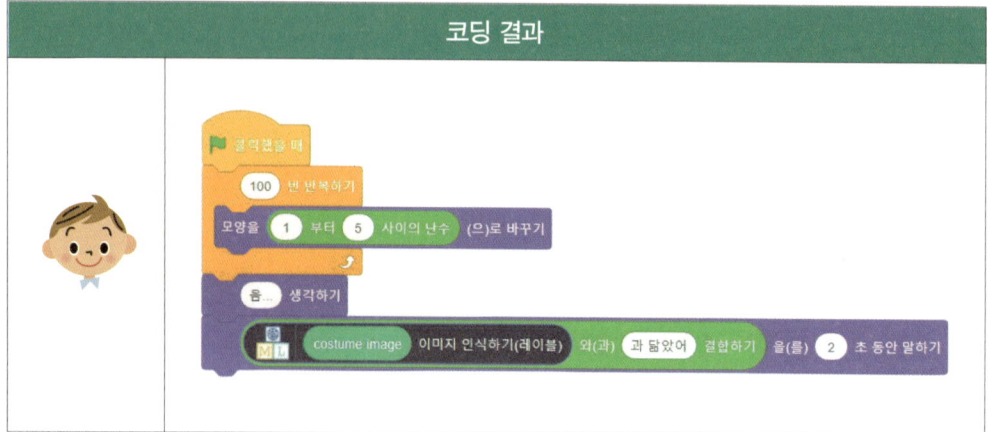

코딩 결과

확인하기

- 오른쪽 상단에 있는 버튼을 클릭해서 크게 확대하자.

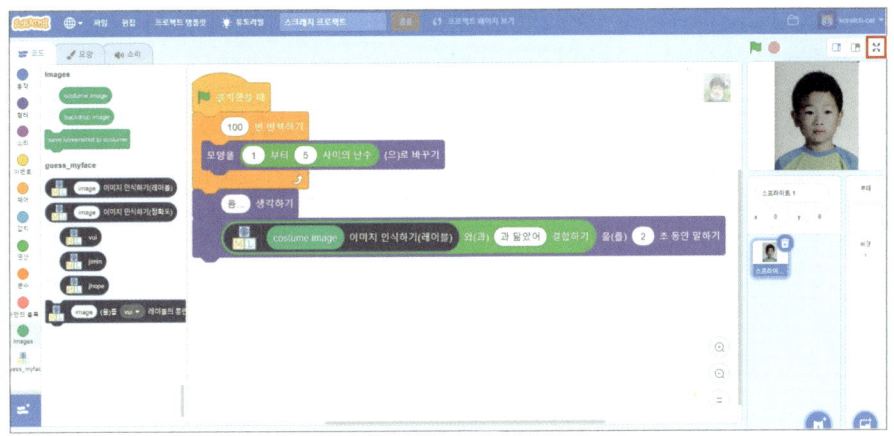

- 🏳을 클릭하면… 오! 내가 'jhope'을 닮았대!

- 내 친구들은 'jin'과 'vui'를 닮았다고 인식하네!

 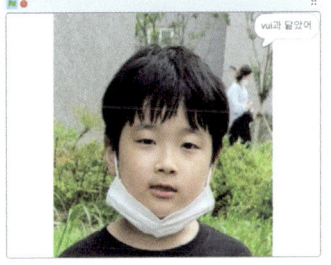

- 하하하, 재미있다. '나와 닮은 연예인' 프로젝트 성공!

이번에는 엠블록으로 인공지능 프로그램들을 만들어 보겠습니다.
먼저 엠블록이 어떤 프로그램인지 알아보고
엠블록을 활용해서 실생활에서 사용할 수 있는 인공지능을 만들어 봅시다.

재밌어!
엠블록

엠블록 알아보기
얼굴 인식 도어락
참참참
인공지능의 실수

엠블록 알아보기

- 티봇 덕분에 머신러닝포키즈에 대해 재미있게 배웠어. 인공지능 프로그램을 만들기 위한 다른 소프트웨어 도구도 있어?
- 그럼, 여러 가지가 있지. 미국, 영국, 중국 등 여러 나라에서 계속 새로운 인공지능 소프트웨어 도구들을 개발하고 있어. 그 중 엠블록mBlock에 대해 알아볼까?

사람들은 어릴 때 프로그래밍을 배울수록 더 빨리 프로그래밍에 친숙해집니다. 그렇다고 어린이들에게 파이썬, 자바 스크립트, C언어 같은 전문적인 프로그래밍 언어를 가르칠 수는 없습니다. 따라서 어린이들이 쉽게 프로그래밍을 배울 수 있도록 블록 코딩을 사용하는 엠블록 사이트가 만들어졌습니다. 엠블록은 중국에서 개발된 소프트웨어 도구로 판다를 대표 이미지로 사용합니다. 어린이들은 엠블록에서 여러 가지 블록을 조립해 가면서 게임과 애니메이션을 만들 수 있고, 자신의 작품을 다른 사람들과 공유할 수도 있습니다.

* 스크래치 3.0 기반 블록 코딩
엠블록은 스크래치 3.0을 기반으로 개발되어 프로그래밍 언어를 모르는 어린이들도 직관적으로 블록을 조립하면서 프로그래밍할 수 있습니다.

* 다양한 하드웨어와 연결
엠블록은 Makeblock 로봇, 마이크로비트, 아두이노, 라즈베리파이, 할로코드, 레고 EV3 등 다양한 하드웨어와 연결하여 피지컬 컴퓨팅을 할 수 있습니다.

* **AI 기술 적용**

엠블록에는 음성인식, 언어 인식, 감정 인식 등 많은 인공지능 기술이 적용되어 있습니다. 어린이들은 엠블록을 가지고 놀면서 인공지능에 대해 더 많이 배우게 됩니다.

* **확장블록 제공**

엠블록은 기본 블록 외에 추가로 다양한 확장블록을 제공합니다. 인식서비스, 기계학습, 사물인터넷 등의 확장블록을 이용해서 어린이들은 쉽고 빠르게 수준 높은 프로그램을 만들 수 있습니다.

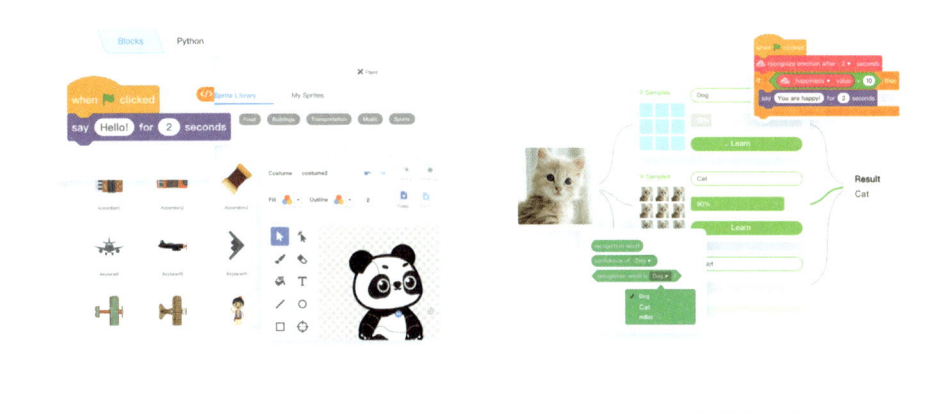

- 엠블록의 기능을 알아보기 위해 '얼굴 나이 테스트' 프로그램을 만들어 보자. 그 과정에서 엠블록의 기능을 저절로 알게 될 거야.

- '얼굴 나이 테스트' 프로그램? 얼굴을 보면 몇 살처럼 보이는지 말해 주는 거야?

- 맞았어. 먼저 크롬 브라우저에서 https://www.mblock.cc 에 접속해. 크롬 브라우저가 인터넷 익스플로러보다 속도가 빨라서 사용하기에 좋아.

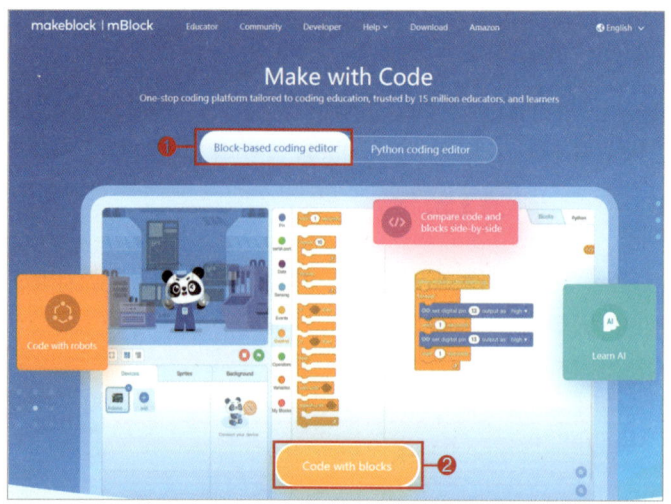

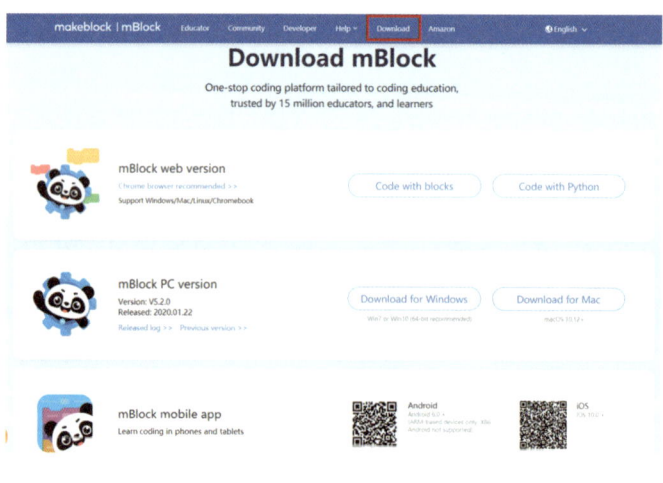

엠블록은 웹버전뿐 아니라 앱이나 프로그램을 다운로드받아서 태블릿, 휴대폰에서도 사용할 수 있습니다. 자신의 설치환경에 맞는 프로그램을 선택해서 사용하세요.
이 책에서는 웹버전에서 프로그램을 만드는 과정을 설명합니다.

- 엠블록 화면에 대해 알아볼까? 엠블록에는 '툴바'와 '편집영역'이 있는데 각 부분에 대한 설명은 다음과 같아.

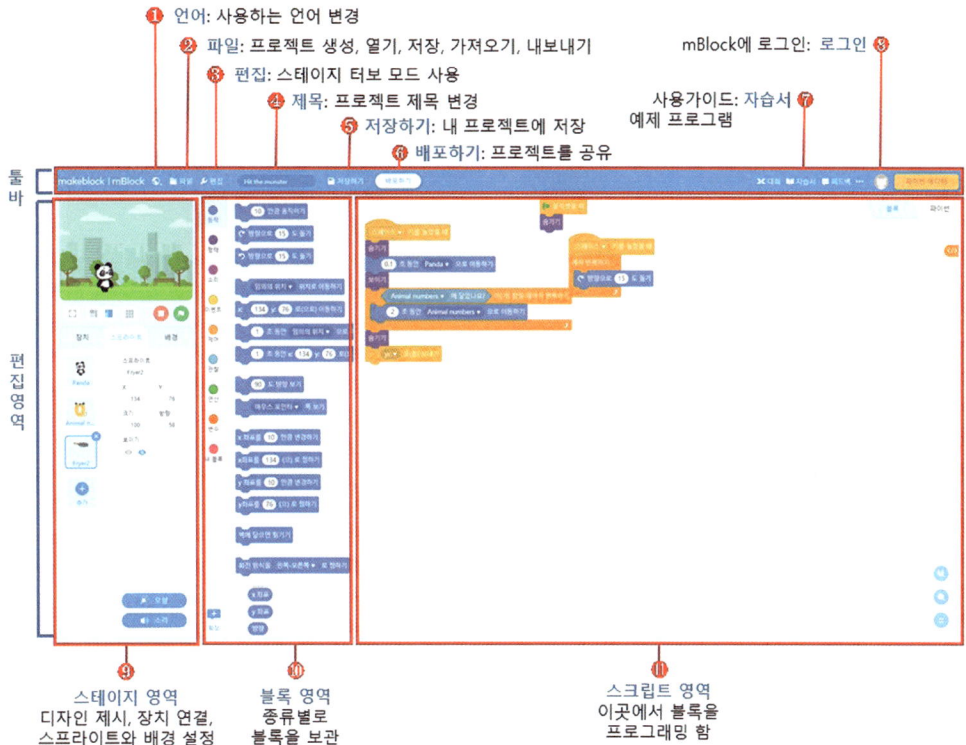

- 회원가입을 하려면 ◯을 클릭하면 되겠네?
- 회원가입을 해 두면 인공지능, 기계학습, 와이파이 등의 기능을 사용할 수 있어. 또 프로젝트를 저장했다가 필요할 때마다 불러올 수 있어서 편리해.

 만 16세 미만 청소년은 개인정보에 대한 보호자의 동의를 받아야 가입할 수 있습니다.

- 회원가입이 끝났어. 이제 '얼굴 나이 테스트' 프로그램을 만들어 보자.
- 툴바의 '자습서'를 클릭해. 엠블록을 활용한 여러 가지 예제 프로그램이 있는데 이 중에 '얼굴 나이 테스트'가 있어.

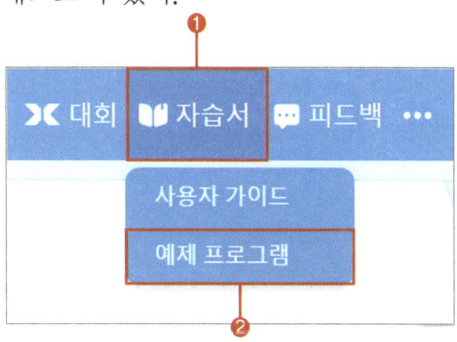

- Age Analyzer? 나이를 분석하는 사람? 아~ 이게 '얼굴 나이 테스트'구나.

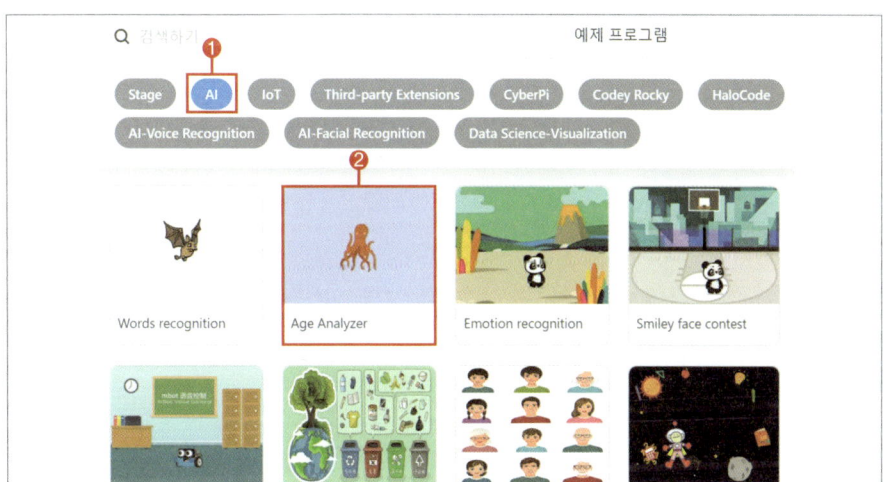

- '얼굴 나이 테스트'에 기본 프로그래밍이 되어 있어. 어떻게 작동하는지 맞혀 봐.

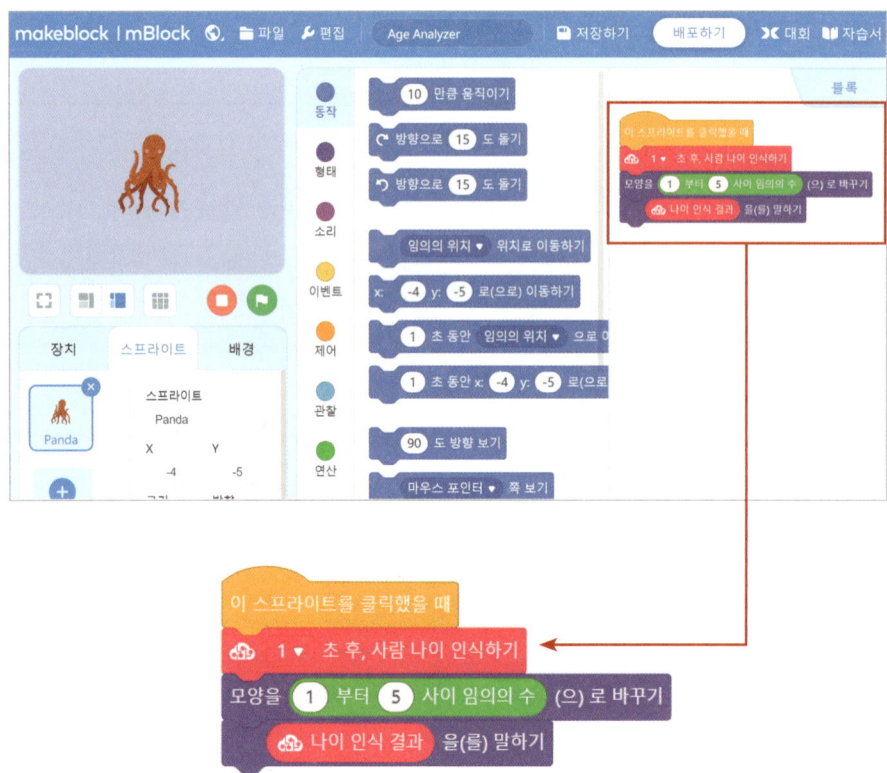

- 문어 스프라이트를 클릭하면, 1초 동안 웹캠으로 사람 얼굴을 인식하고, 문어의 모양이 다섯 가지 중에 한 가지로 바뀐 다음, 사람 얼굴이 몇 살로 보이는지 말해 주는 거지?
- 우와~ 잘 맞추었어. 대단해!
- 그럼 한번 시작해 봐야겠다. 내 나이는 몇 살로 보일지 궁금해. 초록색 깃발을 클릭하고 문어 스프라이트를 클릭하면….

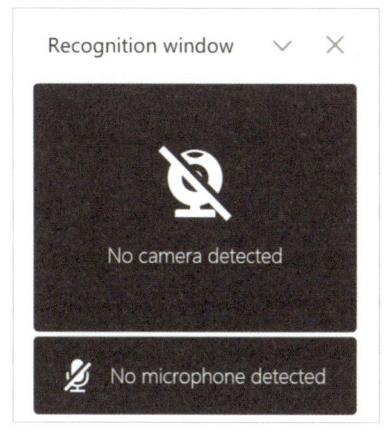

- 어? 이게 뭐야? 왜 안 되는 거야?
- 데스크탑 컴퓨터에 웹캠이 없어서 그래. 노트북에는 기본적으로 내장카메라가 설치되어 있는데 데스크탑 컴퓨터는 따로 웹캠을 설치해 줘야 하거든.

현재 판매되는 노트북은 대부분 내장카메라가 있어 화상통화나 온라인 화상회의에 사용됩니다. 그러나 데스크탑 컴퓨터는 내장카메라가 없기 때문에 웹캠(웹카메라)을 따로 설치해야 합니다.

노트북 내장카메라 / 웹캠(웹카메라)

- 이제 웹캠을 설치했으니 다시 '얼굴 나이 테스트'를 해 볼까?

- 엠블록에서 카메라 사용 권한을 요청하면 허용을 클릭해 줘.

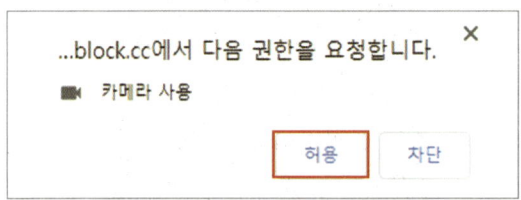

- 을 클릭하고 문어 스프라이트도 클릭해. 그러면 카메라 인식창이 생길 거야. 이제 자동으로 너의 얼굴을 1초 동안 인식하게 돼.

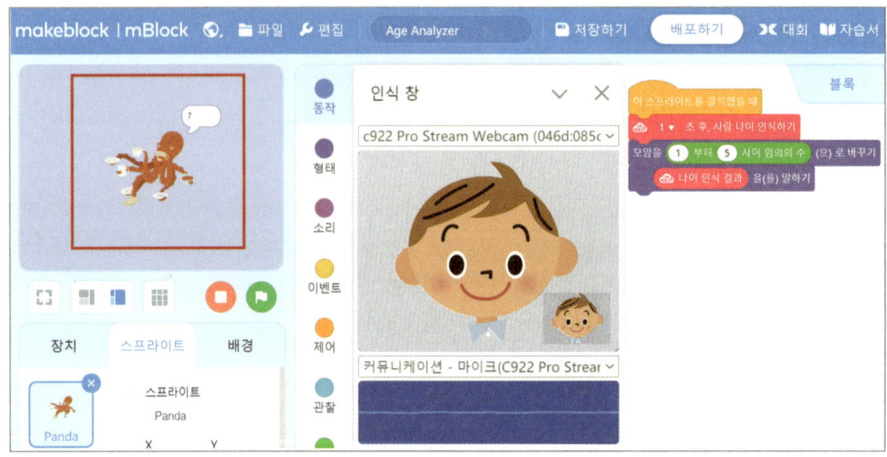

- 와~! 문어가 모양이 바뀌면서 나이를 말해 주네. 나는 7살로 나왔어.

  티봇, 너도 해 볼래?

> 실제로 엠블록은 우리와 티봇의 얼굴을 인식하지 못합니다. 등장인물 캐릭터는 진짜 사람과 눈의 크기, 코와 입의 모양, 얼굴 비율 등이 다르기 때문입니다. 여기에서는 7살 어린이의 사진을 사용하였습니다.

- 다시 문어 스프라이트를 클릭하면… 나는 9살로 나오네.

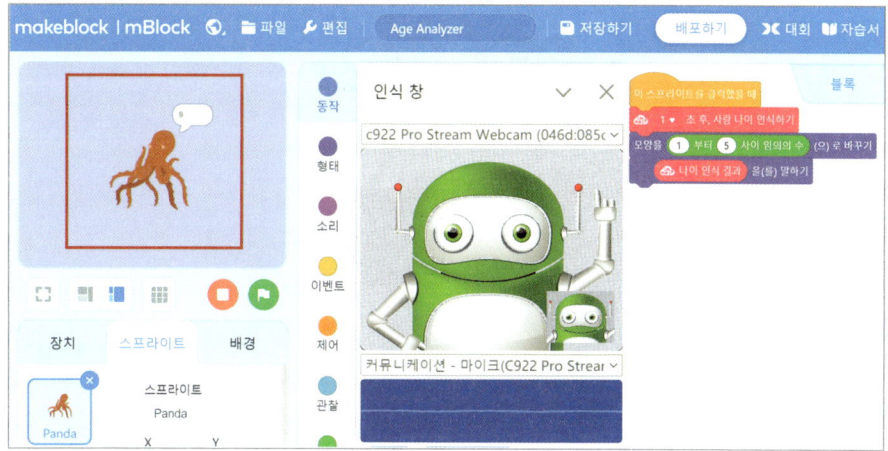

- '얼굴 나이 테스트' 진짜 재미있다. 그런데 어떻게 나이를 맞추는 거야?
- 퀵드로우가 딥러닝 기술을 적용해서 수많은 데이터를 수집하고 저장한다고 했지? 엠블록도 똑같아. 각 연령에 맞는 수많은 사람의 얼굴을 데이터로 가지고 있어서 새로운 사람의 얼굴을 보면 비슷한 나이를 찾는 거야.
- 그럼 데이터를 많이 저장할수록 좀 더 정확한 나이를 찾겠다. 정말 잘 만들었네!
- 다른 예제 프로그램들도 테스트해 볼까?
- 모두 재밌어 보여. 하나씩 해 봐야지.

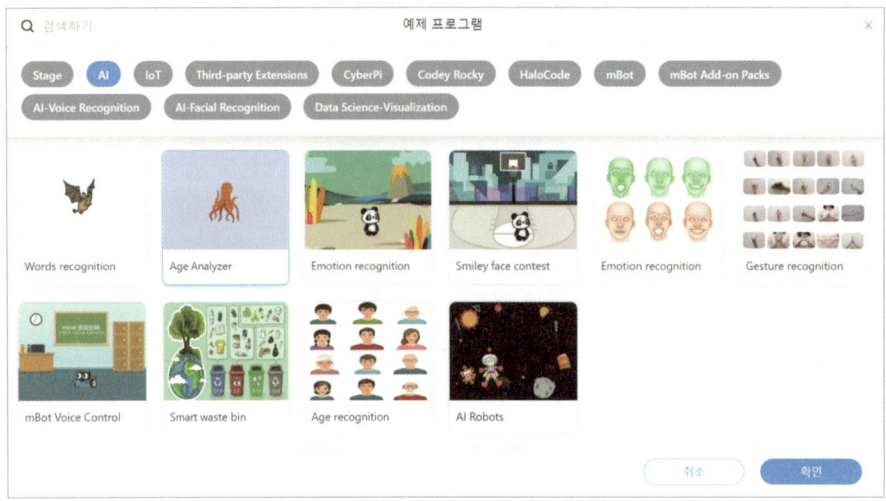

- 이제 다 해 봤어? 모두 잘 만들어졌지?
- 응, 모두 신기해!
- 엠블록 사용법도 익숙해졌어?
- 물론이지. 엠블록에서는 어떤 프로그램을 만들지 기대된다.
- 이번에도 엄청 재밌고 신기한 프로그램을 만들 거야.

얼굴 인식 도어락

학습목표	사람의 얼굴을 인식해서 잠금장치 해제하는 도어락을 만들어 봅시다.
준비물	– 엠블록 – 웹캠 – 본인 – 주변 사람들 여러 명
학습시간	30분
프로젝트의 특징	이 프로젝트는 엠블록에서 사용할 수 있는 확장 블록 중 '기계학습'을 사용합니다.

프로젝트 순서				
생각하기	준비하기	학습&평가	만들기	확인하기
• 인공지능 프로그램 계획	• 엠블록 로그인 • 확장블록 추가	• 카테고리 생성 및 데이터 입력 • 입력결과 테스트	• 코딩 순서 생각하기 • 스프라이트 추가하기 • 스프라이트 코딩하기	• 인공지능 프로그램 실행 • 수정·보완

생각하기

- 머신러닝포키즈에서 '문 열어, 문 닫아' 만들었던 것 기억나?
- 응, 목소리를 들으면 자동으로 문이 열리게 만들었어.
- 이번에는 엠블록에서 얼굴을 인식해서 잠금장치가 해제되는 도어락을 만들어 볼까?
- 그것도 재미있겠다. 내 얼굴을 보면 자동으로 문이 열리는 거야?
- 그리고 다른 사람이 보이면 문이 닫혀.
- 와~! 내 방문 앞에 설치하면 좋겠다.
- 그럼 한번 시작해 볼까?

준비하기

- http://mblock.cc 사이트에 접속했어.

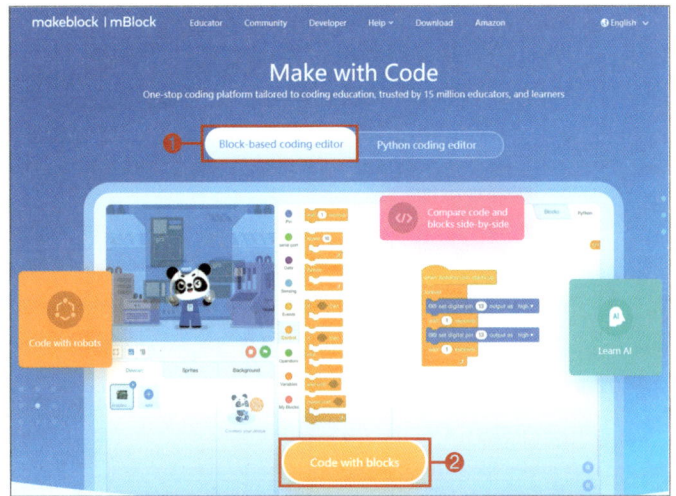

- 기본 프로그램이 있네. 판다가 프라이어를 던져서 오른쪽 위에서 내려오는 숫자 0을 맞추는 게임이야.

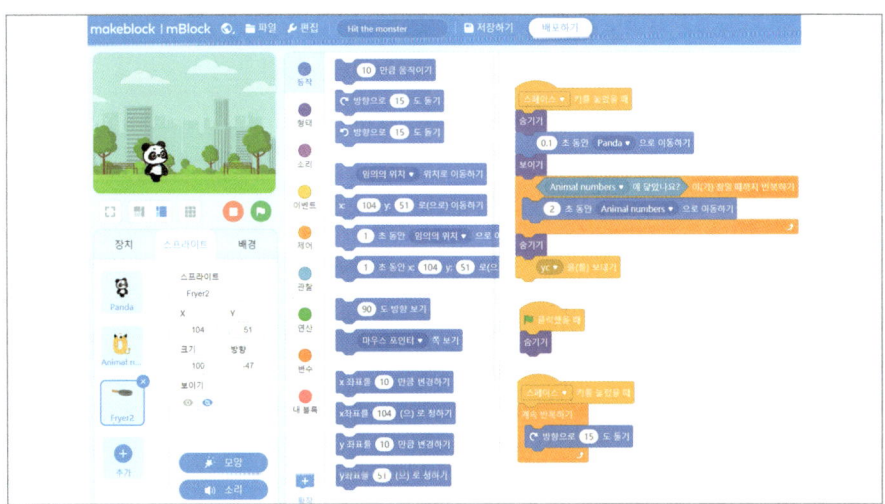

189

- 기본 프로그램을 삭제해 줘. 장치에서 Codey를 삭제하고, 스프라이트에서 Panda, Animal numbers, Fryer2를 없애면 돼.

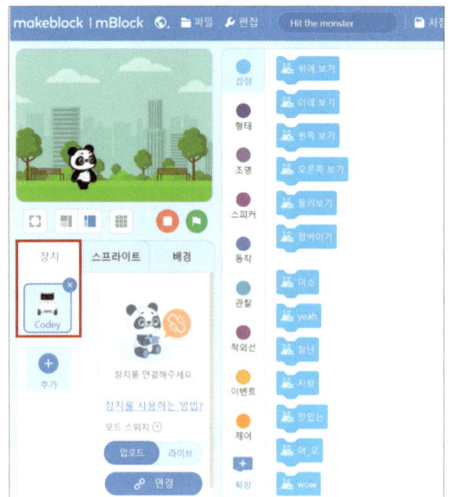 

- 이제 확장센터를 추가하자. 에서 기계학습을 선택하면 돼.

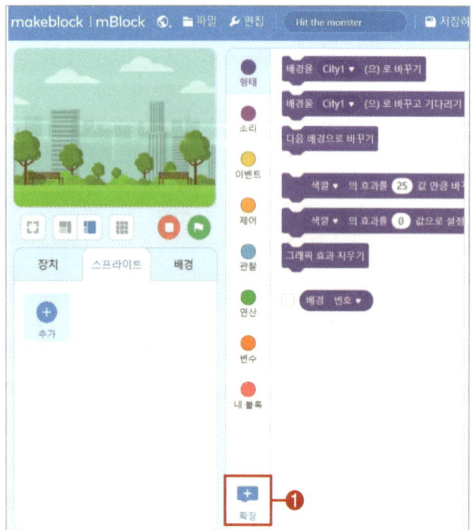 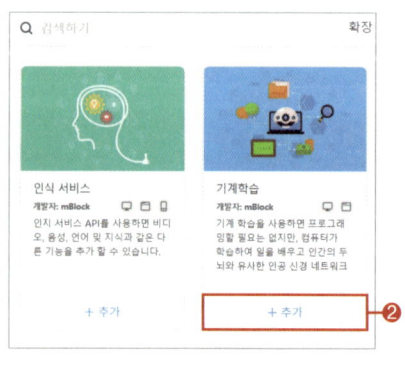

- 인공지능 블록인 ⬤과 학습모델이 생겼네. '학습 모델'을 클릭할게.
  TM

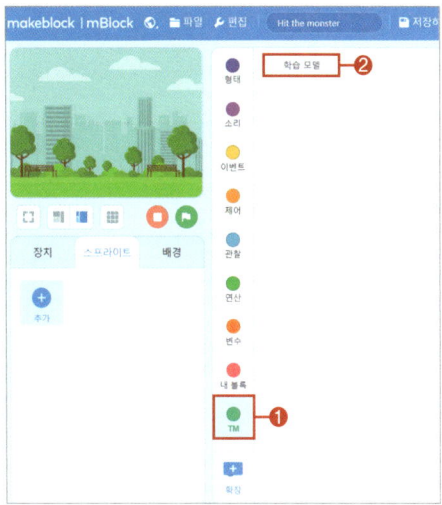

- 모델 카테고리가 나타났어. 모델 카테고리는 머신러닝포키즈의 레이블과 같다고 생각하면 돼.
- 여기에 내 얼굴을 학습시켜야겠네. 그런데 모델 카테고리가 3개 있어.
- 네 얼굴이랑 다른 사람들 얼굴, 방문 앞 풍경 세 가지 모델 카테고리를 만들어야 해.

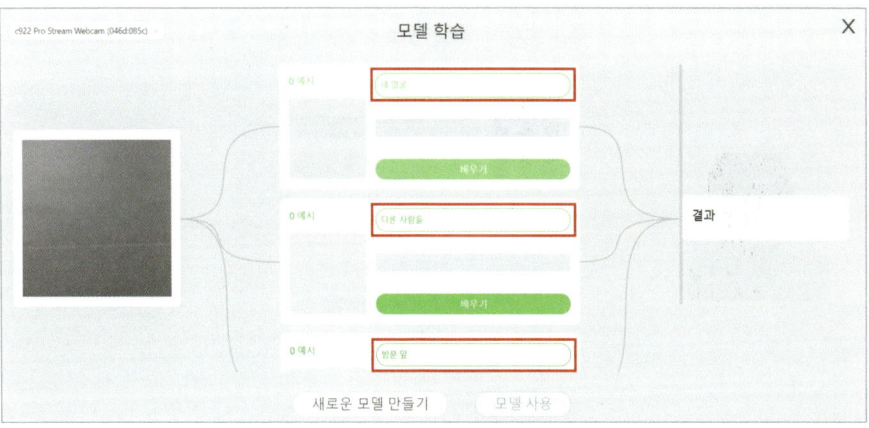

사용하는 웹 카메라가 여러 가지일 경우 화면 왼쪽 위에서 웹 카메라의 종류를 선택할 수 있습니다.

- 이제 모델 카테고리를 학습시키자. 배우기 를 계속 누르면 얼굴을 계속 촬영할 수 있어.
- 내 얼굴 대신에 내 친구 얼굴 모습으로 학습시킬게.
- 정면을 바라보는 모습으로만 10번 이상 학습시켜야 해. 그게 얼굴 특징을 가장 잘 나타내거든.
- 내 친구 얼굴 학습 완료~! 총 20번 사진을 찍었어.

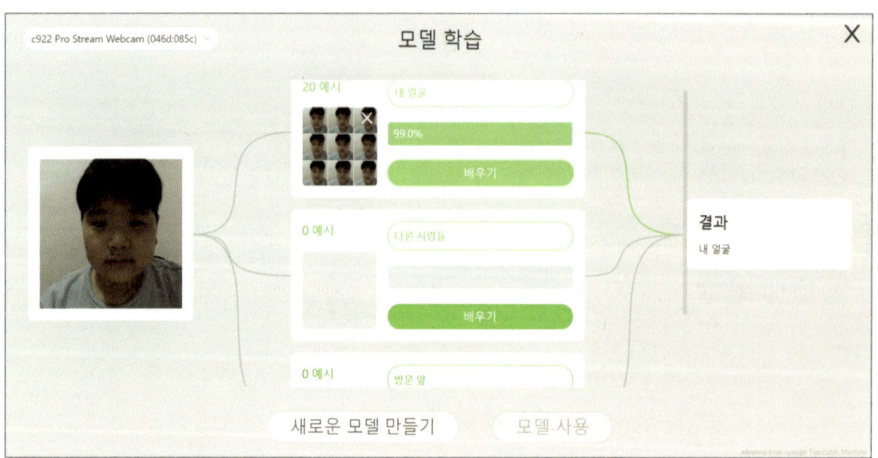

- 다른 사람들 얼굴과 방문 앞 풍경도 20번 이상씩 학습시켜 줘.
- 다른 사람들 얼굴은 가능한 많은 사람들 얼굴을 입력해야 인공지능이 친구 얼굴과 다른 사람들 얼굴을 잘 구별하겠지?

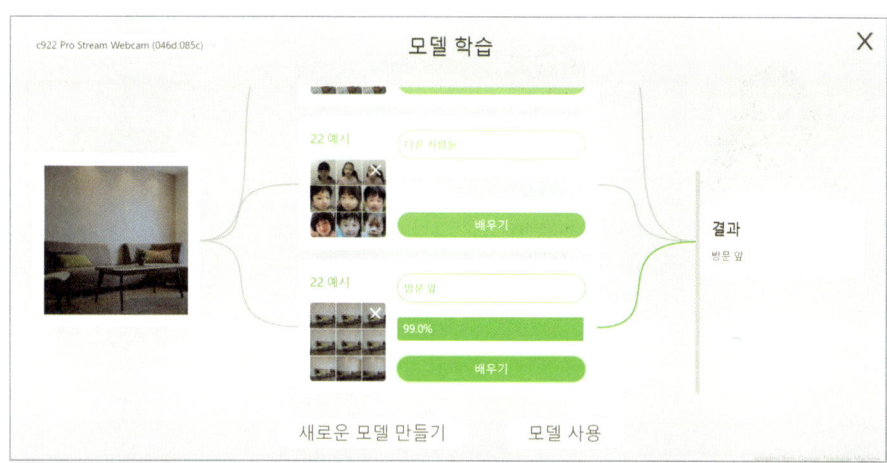

- 학습이 완료되었네. 결과를 확인해 볼까? 내 친구 얼굴을 보여주니 정확도 99%로 나왔네!

- 다른 사람들과 방문 앞 풍경도 결과가 잘 나와.

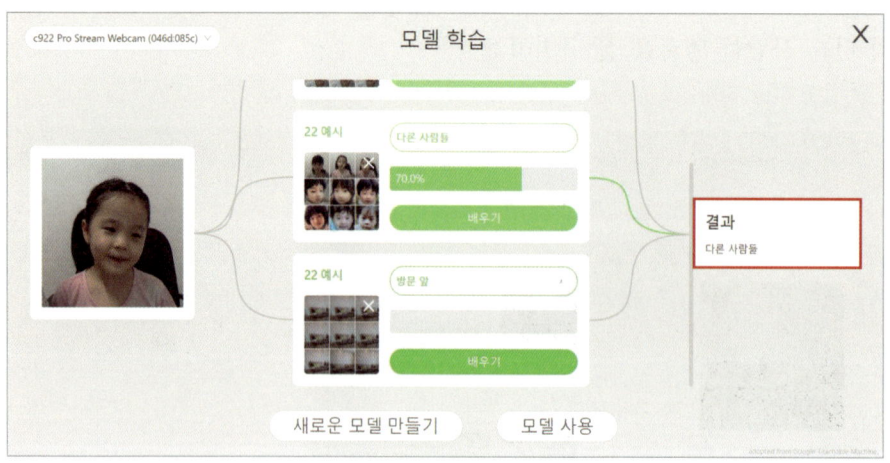

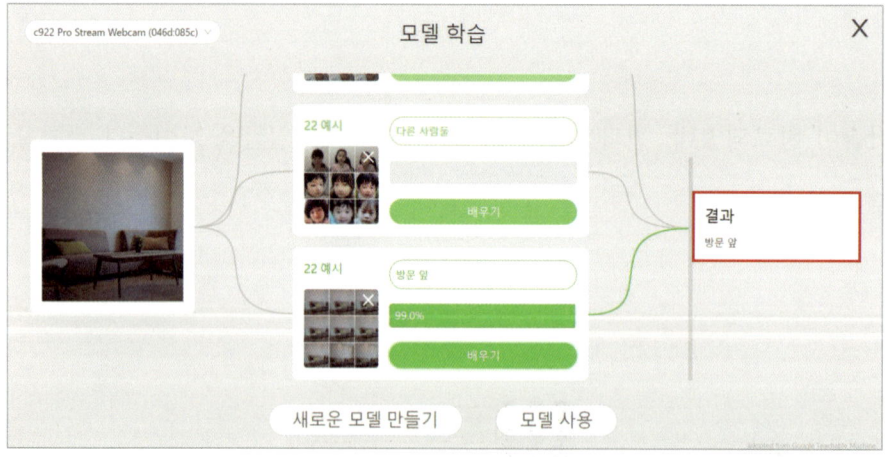

- 결과가 잘 나오니 이제 '모델 사용'을 클릭해서 프로그램을 만들어 보자.

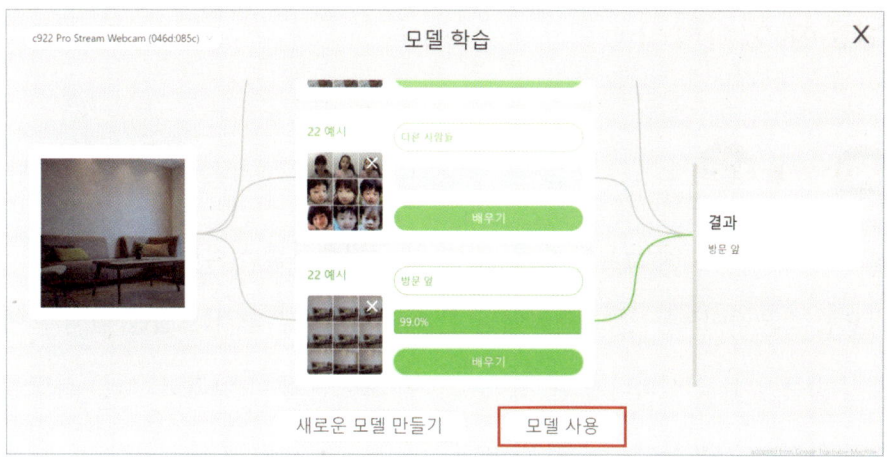

만들기

- 에 인공지능 블록이 또 새로 생겼어.

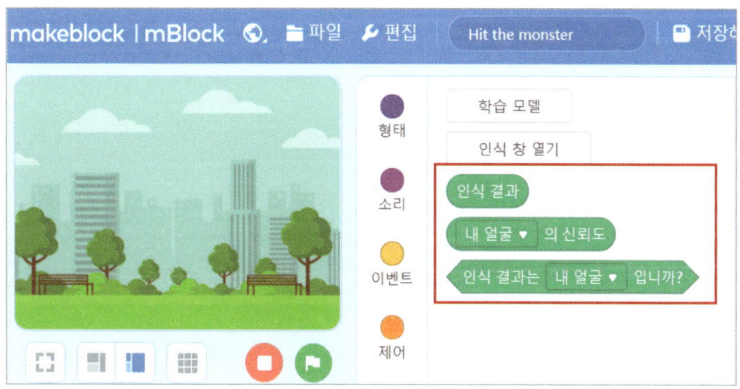

코딩순서 생각하기

- '얼굴 인식 도어락'에 필요한 스프라이트와 코딩순서를 생각해 봐.
- 필요한 스프라이트는 문 스프라이트 한 가지야. 코딩 순서는 얼굴 인식 도어락이 계속 방문 앞을 인식하다가 내 친구 얼굴이 보이면 문이 열리고, 다른 사람들이나 방문 앞이 보이면 문이 닫히게 하면 돼.

필요한 스프라이트	– 문 스프라이트
프로그램 코딩 순서	① 얼굴 인식 도어락이 카메라 앞의 사람이나 풍경을 계속 인식하기 ② 만약 내 친구 얼굴 모습이 인식된다면 문 스프라이트가 자동으로 열리기 ③ 만약 다른 사람이나 방문 앞 풍경이 인식되면 문 스프라이트가 계속 닫혀 있기

스프라이트 추가하기

- 문 스프라이트를 추가하기 전에 배경을 먼저 바꾸자. 지금은 야외 배경인데 네 방 배경으로 바꾸면 돼.
- 배경에서 모양 으로 들어가니 내 방이랑 비슷한 모양이 있네.

- 이제 문 스프라이트를 추가할 차례야. 스프라이트에서 door를 검색해서 'door1'을 추가해 줘.

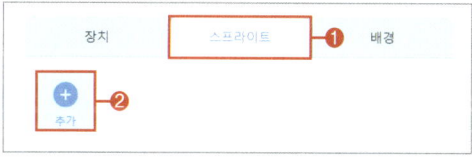

- 닫힌 문이 생겼어. 문의 위치와 크기를 조절해서 방 안을 전부 가리도록 할게.

- 열린 문도 만들자. 'door1'의 모양을 복사해서 만드니까 스프라이트에서 모양으로 들어가 줘.

- 마우스 오른쪽 버튼을 눌러 'Door1'을 복사해서 'door2'를 만들면 돼.

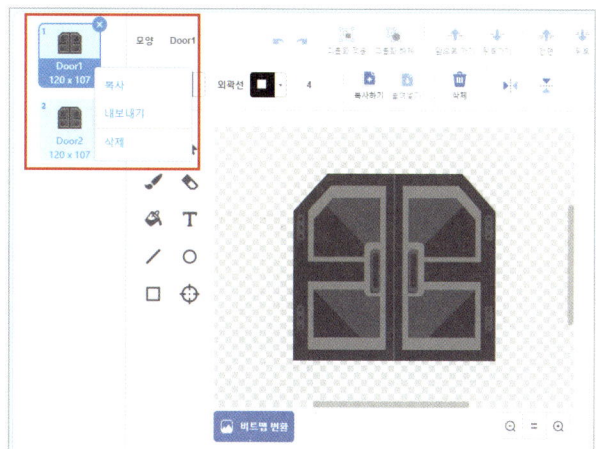

- 열린 문으로 바꾸려면 'door2'의 오른쪽 문만 선택해서 그룹화시켜.

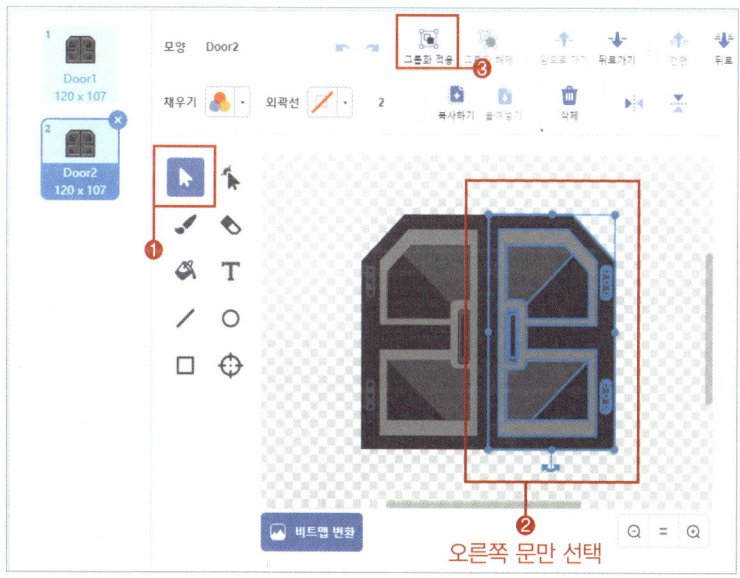

● 그룹화된 문을 옆으로 드래그하면 열린 문 모양으로 바뀌네.

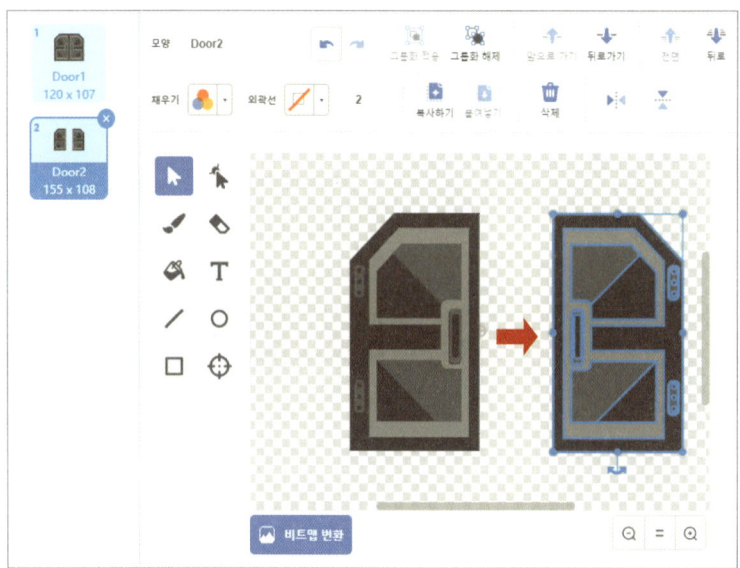

● 양쪽 문이 동시에 열릴 수 있게 왼쪽 문도 그룹화시켜서 옆으로 드래그해 줘.

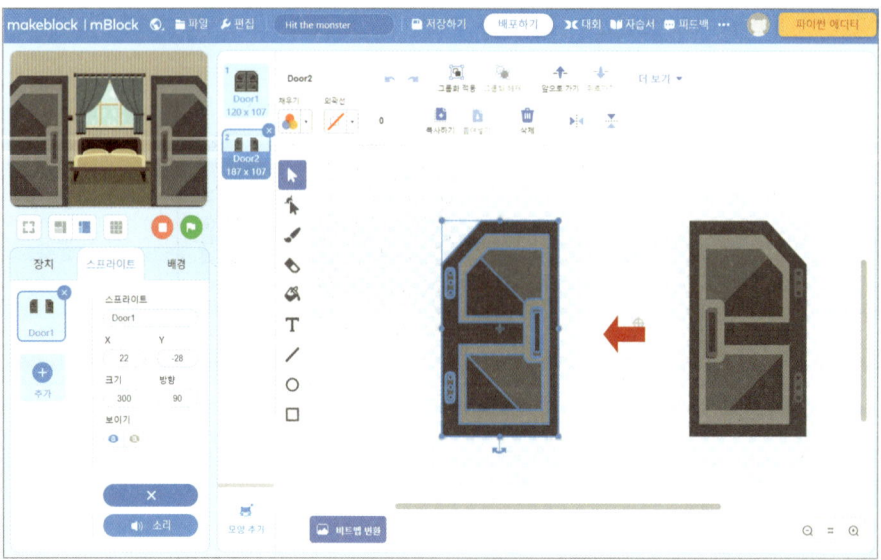

- 문이 닫혔을 때와 열렸을 때 문의 모양과 방 안 배경이 잘 어울리게 위치와 크기를 조절해.

 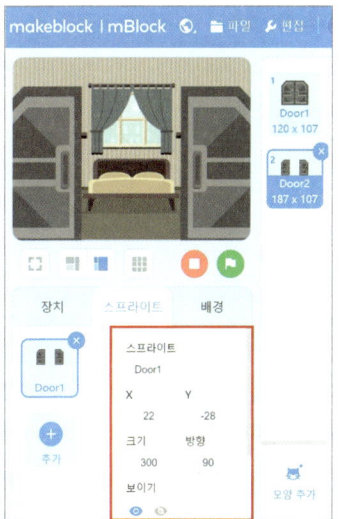

- 이제 이름만 door1, door에서 닫힌 문, 열린 문으로 수정해 주면 문 스프라이트 추가하기는 끝이다.

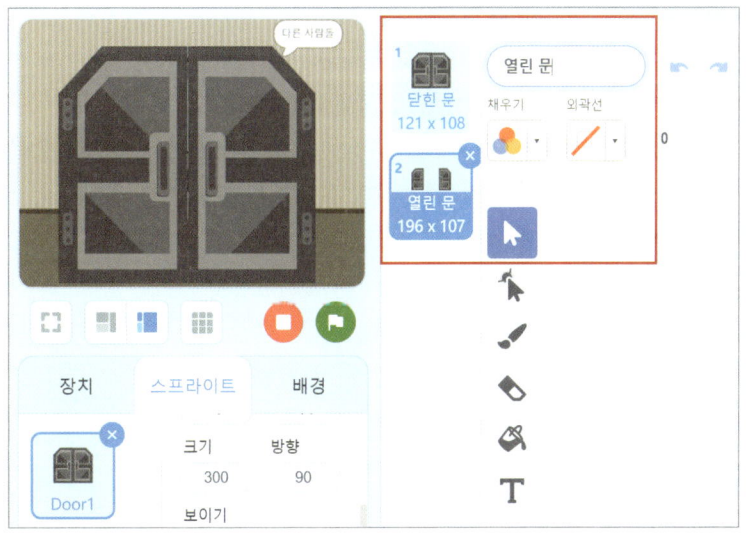

스프라이트 코딩하기

- door1 스프라이트가 생겼어.

- 처음 인공지능이 시작될 때는 문이 닫혀있어야 하니 🚩클릭했을때 와 모양을 닫힌문▼ (으)로 바꾸기 를 연결해 줘.

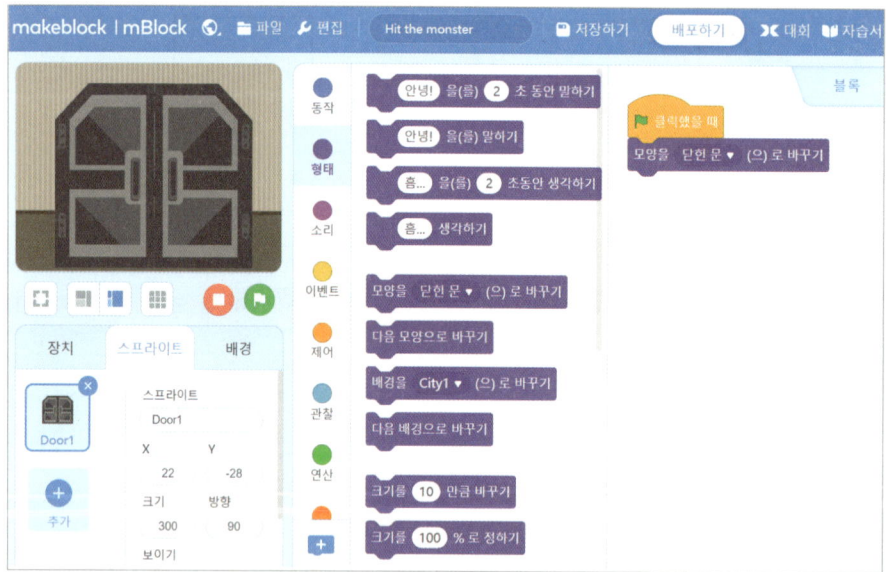

- 계속 반복하기 와 안녕! 말하기 , 인식 결과 를 연결하면 인식 창에 누가 보이는지를 계속 알려 줄 수 있어.

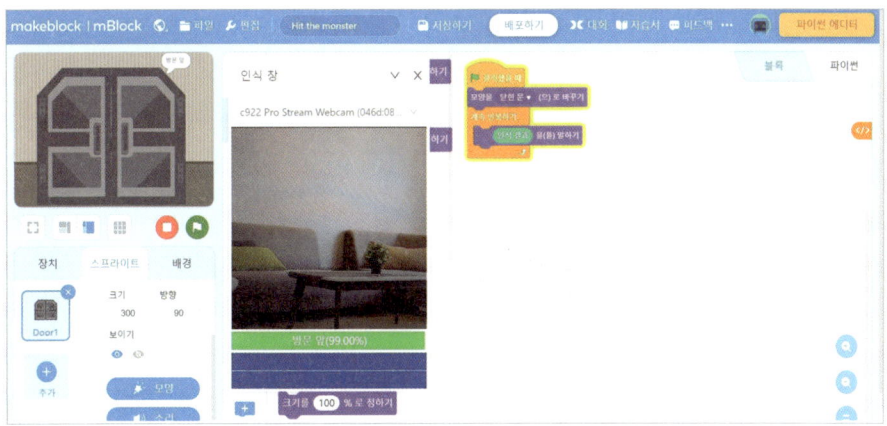

● 이제 내 친구 얼굴이 보이면 문이 열리고 다른 사람이 보이면 문이 닫히게 해야지?

●  를 사용하면 돼.

- 내 친구가 보일 때는 문이 열리고, 안 보일 때는 문이 닫히는구나.

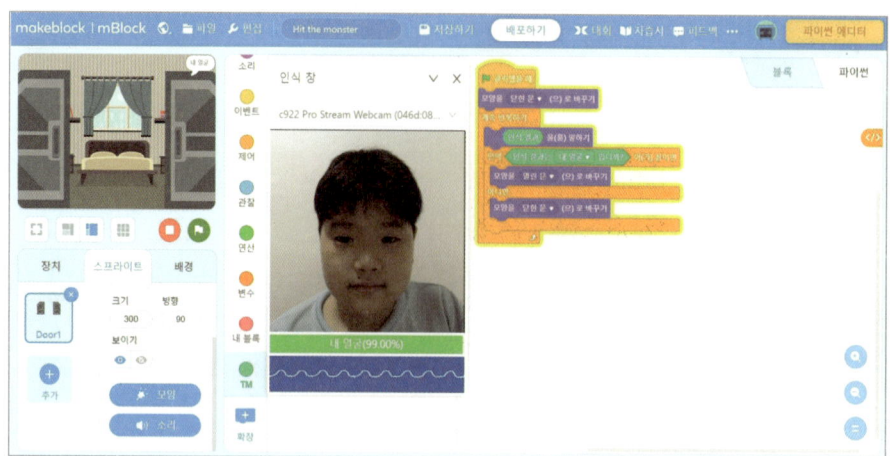

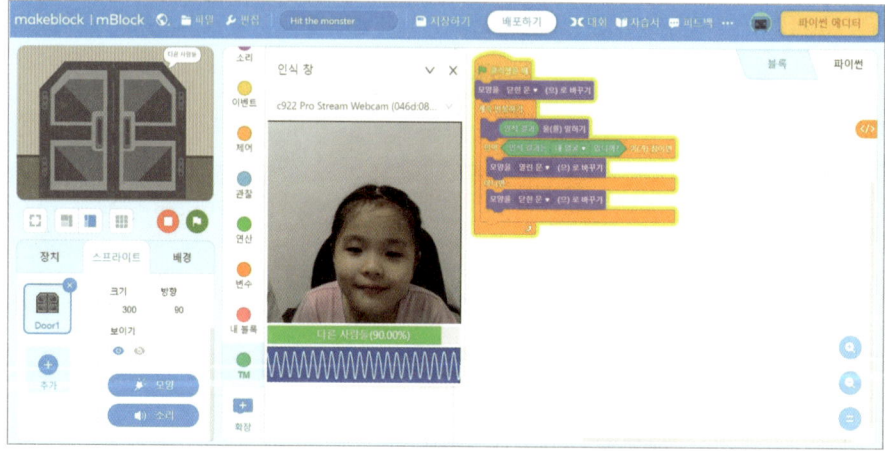

- 그런데 내 친구와 비슷하게 생긴 사람도 내 친구라고 인식하면 어쩌지?
- 네 친구 모습으로 90% 넘게 정확히 인식될 때만 문이 열리게 하고 싶구나?
- 그래야 보안이 잘 되잖아.
- 그럴 땐 '신뢰도'를 사용하면 돼. 말하기 블록에 `내 얼굴▼ 의 신뢰도` 도 넣어봐. `인식 결과` 와 결합하려면 `사과 와(과) 바나나 을(를) 결합한 문자열` 를 사용해야 해.

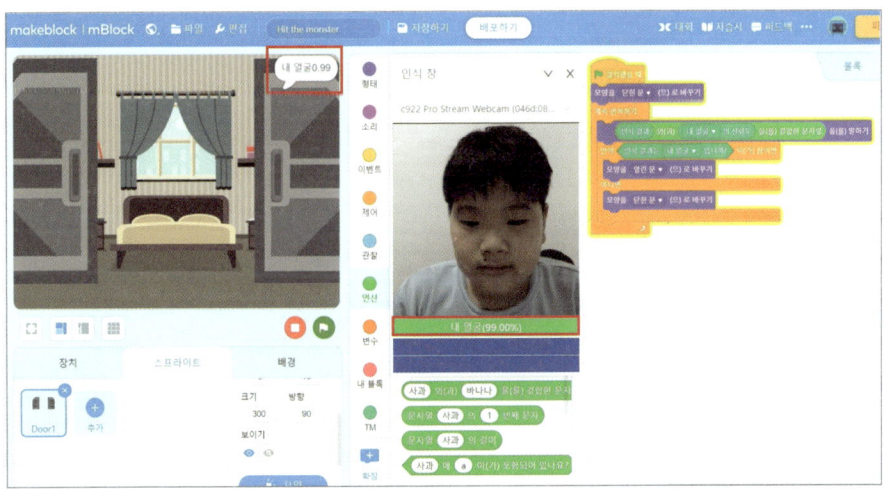

- 문 스프라이트에 '0.99'라고 표시되네. 그런데 인식 창의 신뢰도는 99.00%인데 서로 숫자가 달라.

- 문 스프라이트는 신뢰도를 소수로 표현하고 인식 창은 백분율(%)로 표시해서 서로 다른 거야.

비율이란 기준량에 대한 비교하는 양의 크기입니다. 얼굴 인식 도어락에서는 기준량은 '모델 카테고리에 학습시킨 내 친구의 얼굴'이며 비교하는 양은 '현재 인식창에 비친 내 친구의 얼굴'입니다. 모델 카테고리에 내 친구 얼굴을 학습시킨 결과가 100이라면 현재 인식 창에 비친 내 친구의 얼굴은 얼마인지를 비율로 나타낼 수 있습니다. 이 비율을 분수, 소수, 백분율로도 표시하는데 소수를 백분율로 바꾸려면 ×100을 해야 합니다.

기준량 100, 비교하는 양 90일 경우			
비율	분수	소수	백분율(%)
90 : 100	$\frac{90}{100}$	0.9	90%

● 신뢰도 표시를 같게 하려면 소수를 백분율(%)로 바꾸어야겠다. `내 얼굴▼의 신뢰도` × 100'을 해야 하니까 `⬤✱` 를 사용하면 되네.

- 짜잔~! 문 스프라이트 신뢰도와 인식 창 신뢰도 일치!

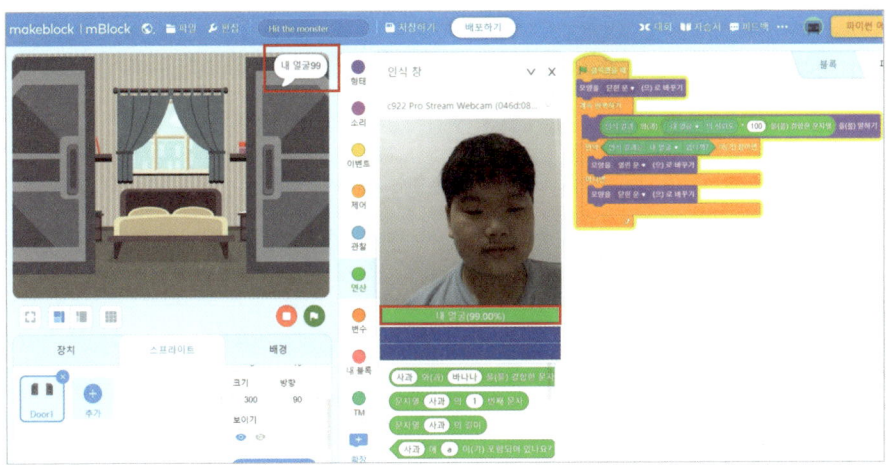

- 지금까지 배운 내용을 바탕으로 내 친구 얼굴이 인식되었을 때 신뢰도가 90%가 넘으면 문이 열리고, 아니면 문이 닫히도록 하자.

- `> 50` 를 사용해서 신뢰도 90%가 넘을 때를 설정하고, `만약 이면 아니면` 를 이용해서 문이 열리거나 닫히도록 할게.

● 스프라이트 코딩 성공~!

코딩 결과
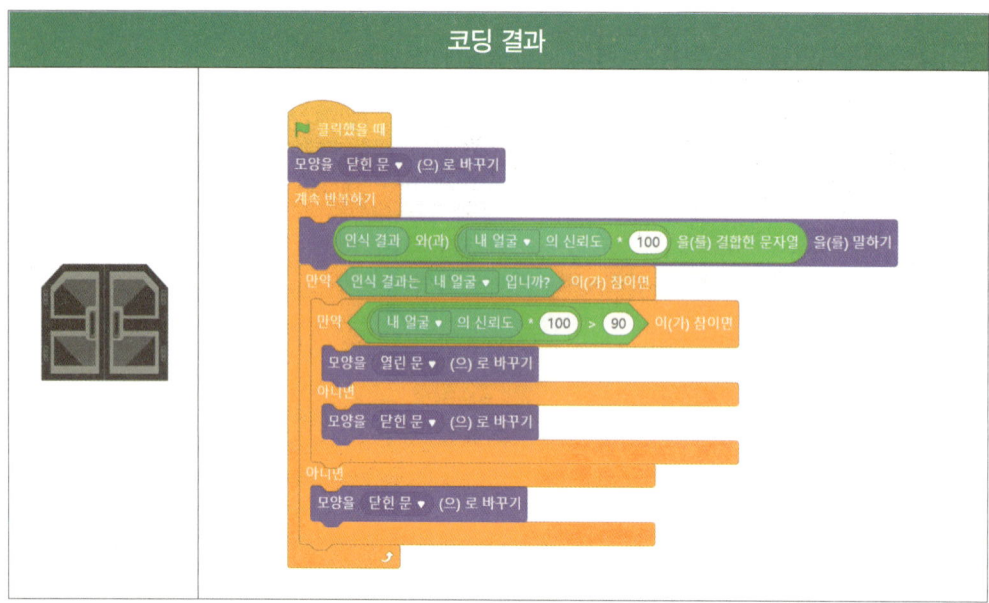

확인하기

● 이제 얼굴 인식 도어락을 테스트해 봐. ▢를 클릭하면 전체화면으로 볼 수 있어.

- 내 친구 얼굴이 비치니까 문이 잘 열리네. 신뢰도는 99%야.

- 그런데 내 친구 얼굴이어도 신뢰도가 낮으면 문이 안 열려.

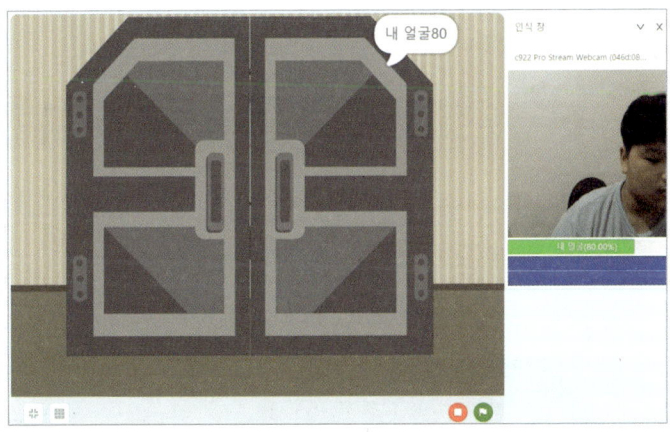

- 모델 카테고리에 학습시키지 않았던 새로운 사람을 데려 왔어. 다른 사람으로 인식하고 문이 안 열리네.

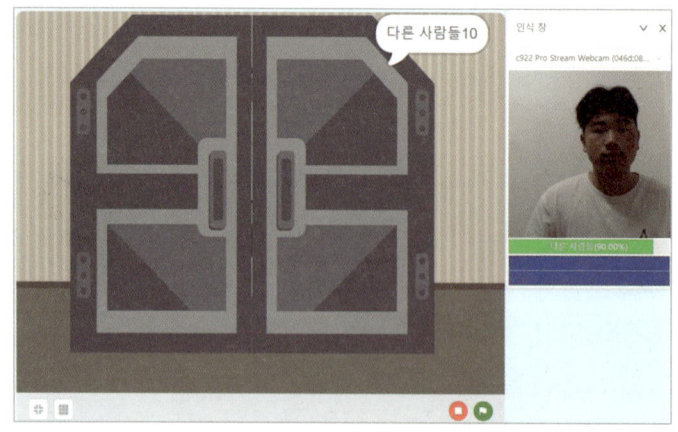

문 스프라이트의 신뢰도와 인식 창의 신뢰도가 서로 다르게 나타납니다. 왜냐하면 문 스프라이트는 내 얼굴의 신뢰도를 표현하고 있기 때문입니다. 문 스프라이트에서는 10으로 나타나지만, 인식 창에서는 90%의 정확도로 다른 사람으로 표시되고 있습니다. 코딩을 바꾸면 다른 사람들과 방문 앞일 경우의 신뢰도도 표시할 수 있습니다.

- 방문 앞도 새로운 장소를 찍었어. 99%의 정확도로 방문 앞으로 인식하고 문이 안 열리네.

- 진짜 잘 작동한다. 이제 내 방문 앞에 설치하면 되겠어.
- 얼굴 인식 도어락이 완성되었으니 파일로 저장해 둬. 다음에 필요할 때 파일 열기를 하면 불러올 수 있어.

- 인공지능 프로그램을 엠블록으로 만드는 것도 재미있다. 웹캠으로 사진을 바로바로 찍을 수 있으니 편리해.
- 또 다른 프로젝트를 만들어 볼까? 이번 프로젝트도 엄청 좋아하게 될 거야.

 **참참참**

학습목표	나의 동작을 인식하고 반응하는 인공지능 게임을 만들어 봅시다.
준비물	- 엠블록 - 웹캠
학습시간	30분
프로젝트의 특징	이 프로젝트는 엠블록에서 사용할 수 있는 확장 블록 중 '기계학습'을 사용합니다.

프로젝트 순서				
생각하기	준비하기	학습&평가	만들기	확인하기
• 인공지능 프로그램 계획	• 엠블록 로그인 • 확장블록 추가	• 카테고리 생성 및 데이터 입력 • 입력결과 테스트	• 코딩 순서 생각하기 • 스프라이트 추가하기 • 스프라이트 코딩하기	• 인공지능 프로그램 실행 • 수정·보완

생각하기

- 아~ 엄마, 아빠도 일하러 가시고 오늘 너무 심심하다.
- 그럼 오늘은 함께 놀아줄 인공지능을 만들어 볼까?
- 인공지능이 나랑 놀아준다고? 나는 이제 가만히 앉아서 하는 컴퓨터 게임은 질려서…. 컴퓨터가 사람처럼 반응도 좀 해 줬으면 좋겠는데….
- 혹시 참참참 게임 알아?
- 응! 학교에서 친구랑 많이 하는 놀이야.
- 그럼 인공지능으로 참참참 게임을 만들어 보자. 이번에도 엠블록을 이용할 거야.
- 오~ 엠블록을?
- 응, 엠블록은 나의 손 모양을 바로바로 인식하여 찍을 수 있어서 무척 편리해.

준비하기

- 먼저 mBlock사이트에 접속해. 주소는 https://www.mblock.cc 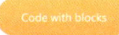 을 클릭하여 새로운 프로젝트 창을 열어 보자.

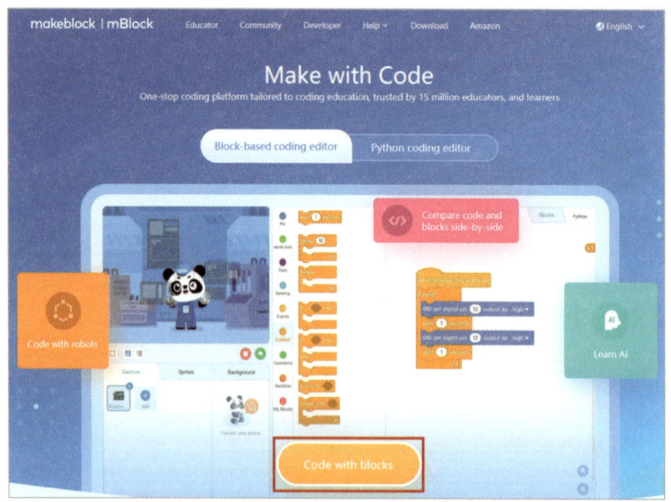

- 장치에서 Codey를 삭제하고 스프라이트에서 Panda, Animal numbers, Fryer2를 없애.

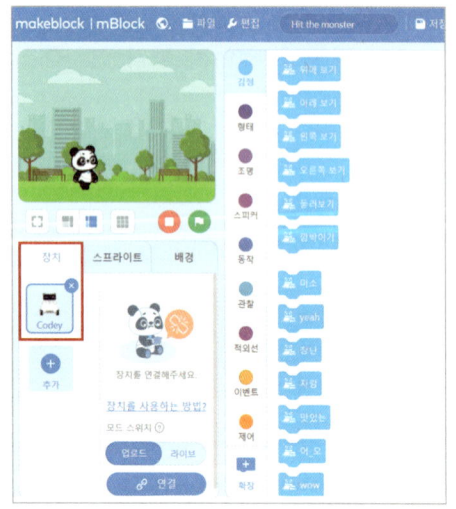 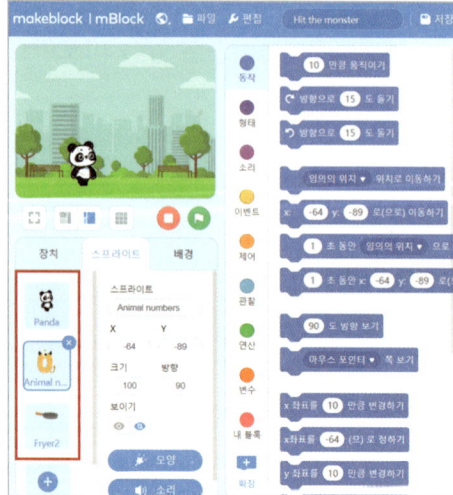

- 그다음 '스프라이트'에서 ![확장] 을 클릭해봐. 확장센터 창이 새롭게 열릴 거야.

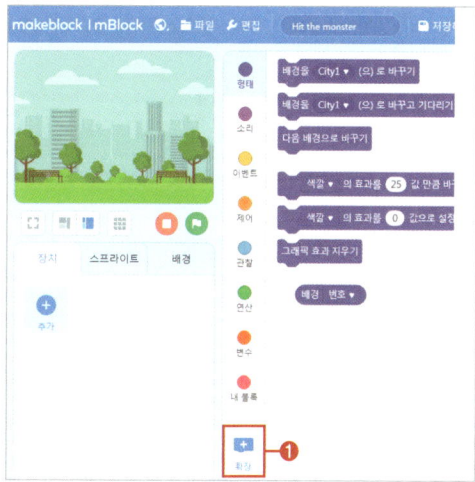

● 다양한 기능들이 보이네. 인공지능을 학습시킬 것이니 '기계학습'을 추가하면 되지?

- 화면으로 돌아오면 TM( )과 학습 모델이 새로 생긴 것을 볼 수 있을 거야. 학습 모델을 클릭해서 인공지능을 훈련시켜 보자.

- 카메라의 인식화면이 보여! 렌즈 앞에 내 손을 가져가니 화면에 실시간으로 손이 보인다~ 신기하다!

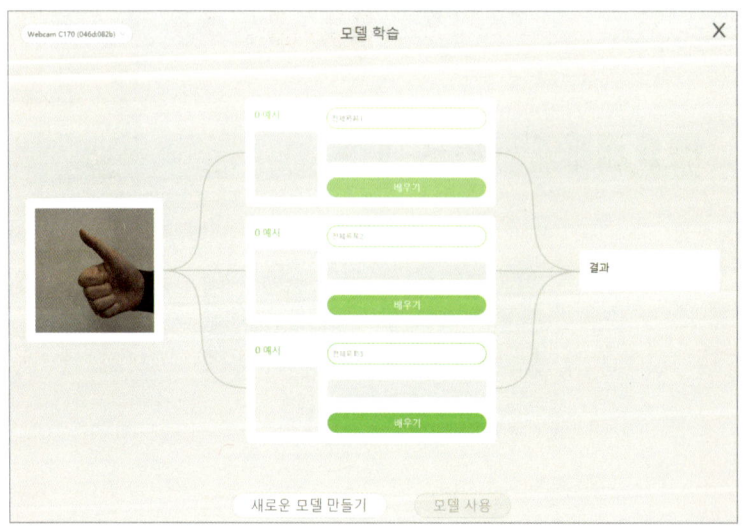

- 학습모델은 기본적으로 3개의 카테고리로 만들어져 있어.

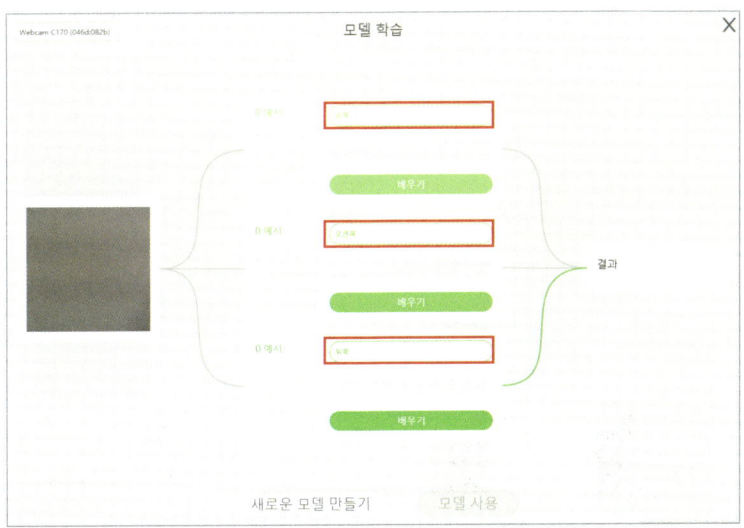

 엠블록에서 카테고리는 최소 3개 이상 만들이야 합니다.

- 먼저 왼쪽 손동작을 학습시켜 보자.

  왼쪽 손동작을 보여주면서 배우기 버튼을 클릭해. 참참참을 하면서 나올 수 있는 다양한 왼쪽 손동작을 보여주어야 똑똑한 인공지능이 될 수 있어.

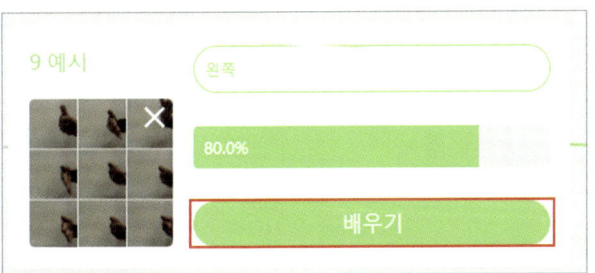

- 같은 방법으로 오른쪽, 위쪽 손동작까지 학습시켜 줘. 위쪽 손동작까지 학습을 시켰으면 인공지능에게 다양한 손동작을 보여주면서 결과를 확인해 봐.
- 오! 티봇! 정말 신기해! 결과화면을 봐. 내가 어떤 손동작을 하느냐에 따라 인공지능이 왼쪽, 오른쪽, 위쪽을 맞히고 있어!

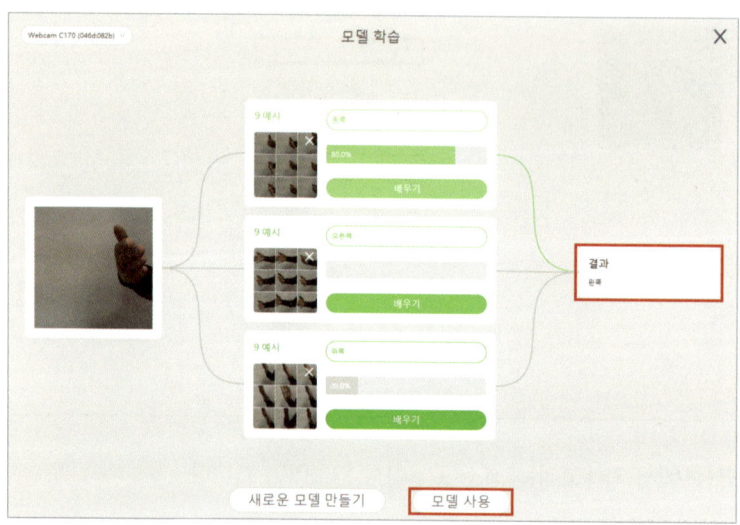

- 혹시 인공지능이 잘 맞히지 못한다면 각 레이블에서 손동작을 보충해 주면 돼. 우리가 많은 문제를 풀수록 똑똑해지듯이 인공지능도 많은 손동작을 보여줄수록 똑똑해져. 다 되었다면 모델 사용 버튼을 클릭해 보자!

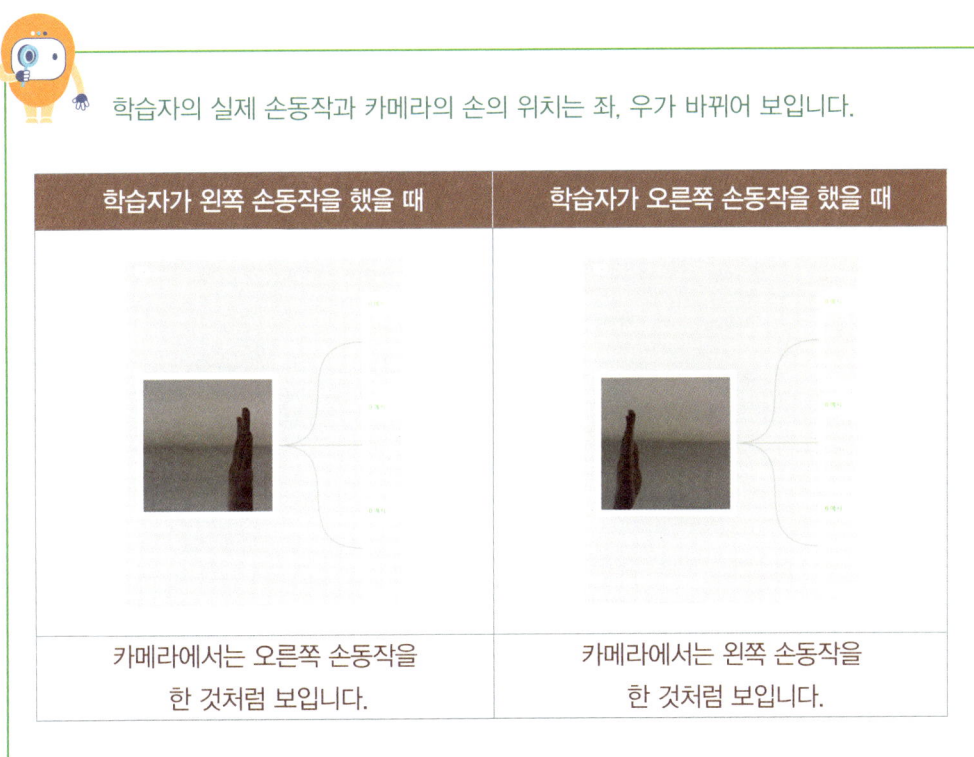

학습자의 실제 손동작과 카메라의 손의 위치는 좌, 우가 바뀌어 보입니다.

학습자가 왼쪽 손동작을 했을 때	학습자가 오른쪽 손동작을 했을 때
카메라에서는 오른쪽 손동작을 한 것처럼 보입니다.	카메라에서는 왼쪽 손동작을 한 것처럼 보입니다.

만들기

- 모델 사용 버튼을 클릭하면 엠블록화면으로 돌아오게 돼. 새로 생긴 TM( )에 새로운 블록 꾸러미가 생겼지?

- 인식 결과는 왼쪽▼ 입니까? 의 ▼을 클릭하니까 아까 학습시킨 모델들도 볼 수 있구나!

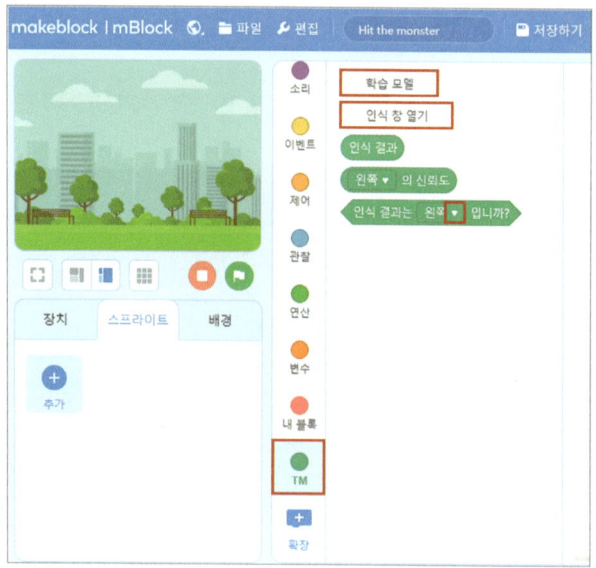

학습모델 버튼을 클릭하면 인공지능을 좀 더 학습시킬 수 있고, 인식 창 열기 버튼을 클릭하면 웹캠화면이 나타납니다.

코딩순서 생각하기

- 곧 나와 함께 게임을 할 참참참 인공지능이 탄생하겠군!
- 코딩을 하기 전에 필요한 스프라이트를 먼저 생각해 봐.
- 게임은 두 사람이 하는 거니까 '나'와 '컴퓨터'를 나타내는 2가지 스프라이트가 필요하겠지?

- 참참참 게임이니까 너를 나타내는 스프라이트는 손동작을 나타낼 수 있게 '화살표' 스프라이트로 하면 되겠다. 컴퓨터를 나타내는 스프라이트는 '올빼미' 모습으로 하면 어때?

손동작의 방향(화살표)				컴퓨터(올빼미)			
대기	왼쪽	오른쪽	위쪽	대기	왼쪽	오른쪽	위쪽
♥	←	→	↑	🦉대기	🦉왼쪽	🦉오른쪽	🦉위쪽

- 코딩 순서는 다음처럼 하면 되지?

필요한 스프라이트	– 손동작의 방향(화살표) 스프라이트 – 컴퓨터(올빼미) 스프라이트
프로그램 코딩 순서	① 웹캠의 인식결과에 따라 방향을 바꾸는 화살표 스프라이드 코딩 ② 자신의 마음대로 방향을 바꾸는 올빼미 스프라이트 코딩 ③ 게임 결과를 올빼미가 말하도록 코딩

스프라이트 추가하기

-

- 첫 번째로 내 손동작의 방향을 인식하고 나타내는 화살표 스프라이트를 만들자. '추가' 버튼을 클릭하면 스프라이트 저장소가 나와. 화살표 모양을 찾아봐.
- 아이콘 3번째 페이지에서 화살표 꾸러미를 찾았어!

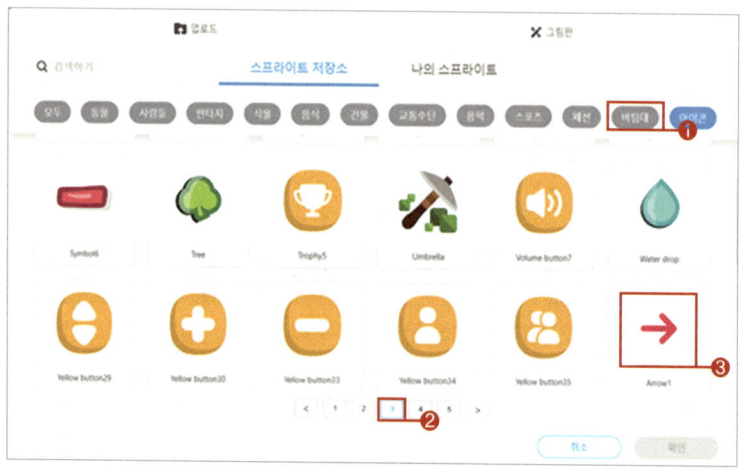

- 다양한 방향의 화살표들이 나타났어!
- 아래 모양 화살표는 필요 없으니 지우도록 해.
- 화살표는 우리의 동작에 따라 움직일 테니까 오른쪽, 왼쪽, 위쪽으로 이름을 바꿔 줘.

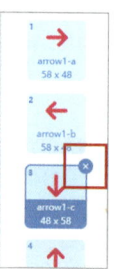

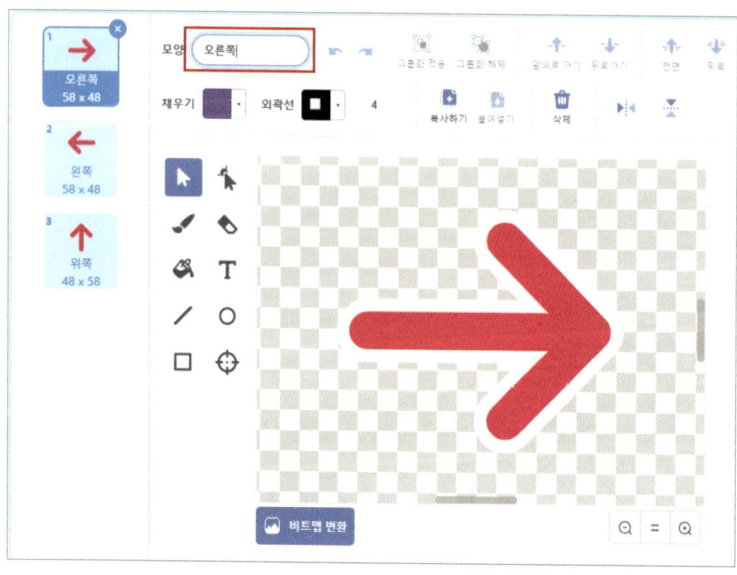

- 게임을 시작하기 전, 대기할 때 모양도 필요할 것 같아.

- 좋은 생각이야. 모양 추가 을 클릭하고 네가 원하는 모양을 불러와.

- 나는 하트 모양으로 할래. 아이콘 두 번째 페이지에 가니까 있네!

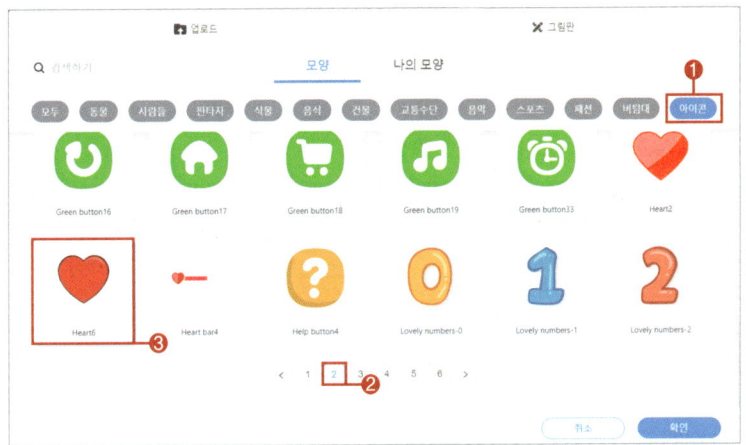

- 하트 모양의 이름을 '대기'로 바꿔 줘. 이렇게 하면 너의 손을 인식하는 스프라이트는 완성이야.

- 이제 두 번째 스프라이트인 올빼미를 만들어야지. 추가 를 클릭해서 스프라이트 저장소로 들어갈게.

● 올빼미는 동물 네 번째 페이지에 있는 owl3으로 할래.

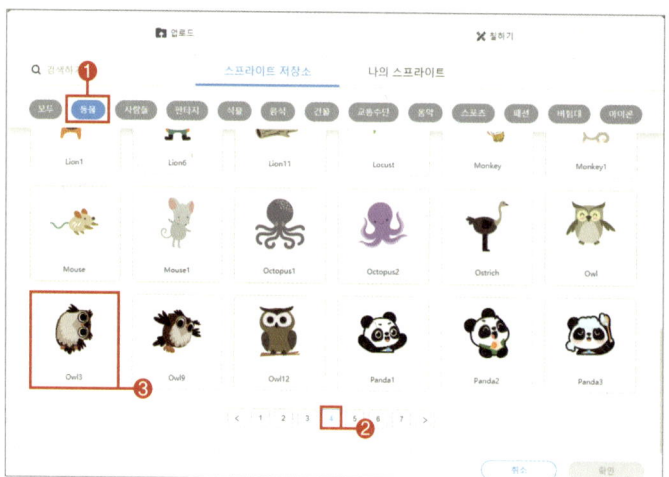

● 올빼미 모양이 여러 가지네. 필요한 모양만 남기고 나머지는 삭제해.

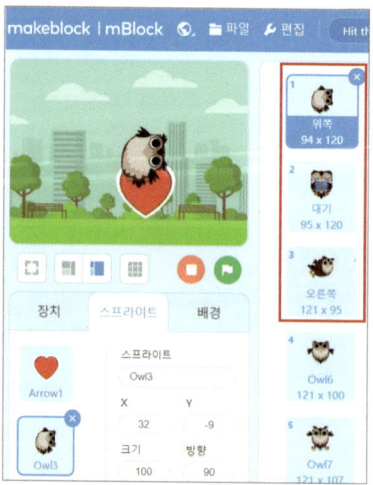

● 삭제하고 보니 왼쪽을 보는 올빼미가 없네?

● 그건 오른쪽을 보고 있는 올빼미를 활용하면 돼. 오른쪽 올빼미를 복사해서 ▶◀ 를 누르면 좌우를 바꿀 수 있어.

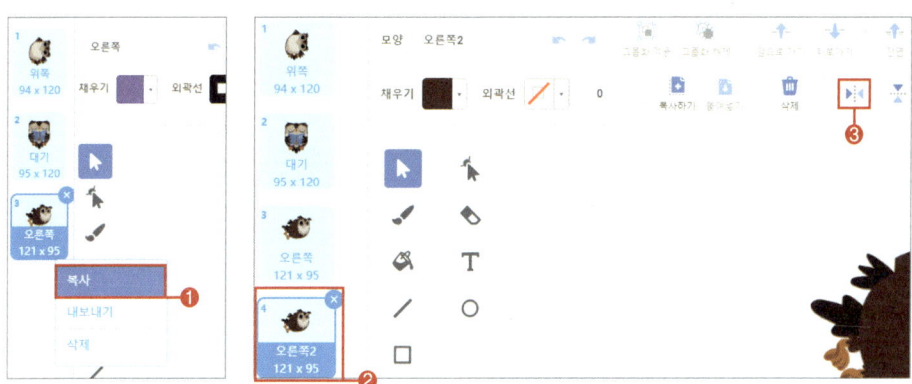

● 왼쪽을 보는 올빼미가 생겼다! 이제 올빼미 이름들을 '위쪽', '대기', '오른쪽', '왼쪽'으로 바꿔야지.

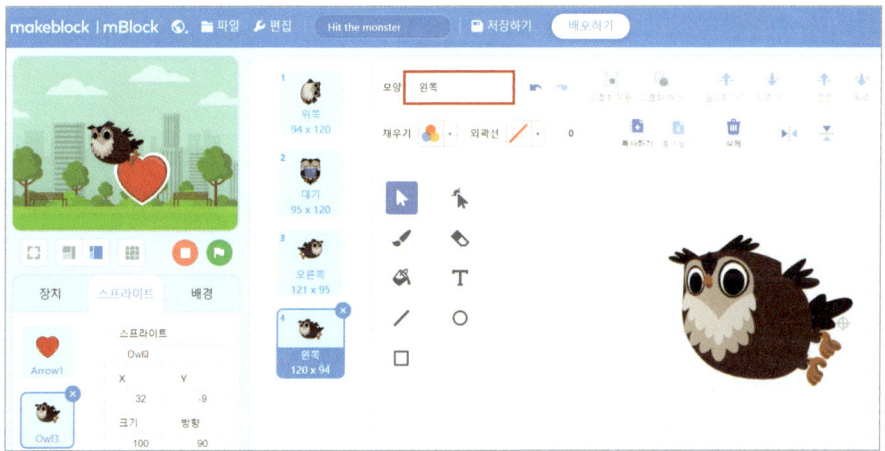

화살표 스프라이트 코딩하기

스프라이트가 완성되었으니 '화살표' 스프라이트부터 코딩하자.

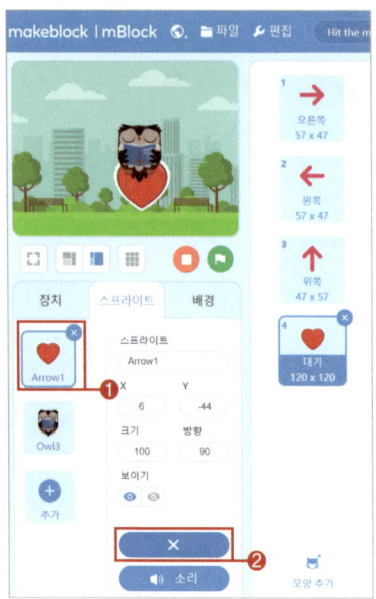

- 게임을 시작하기 전 대기상태로 만들어야 해. `클릭했을 때` 와 `모양을 오른쪽▼ (으)로 바꾸기` 을 연결해.

- 그다음은 나도 알아! ▼을 클릭하고 '대기'로 바꾸어 주면 되지?

- 게임을 시작하는 신호를 알리기 위해 을 가져와.

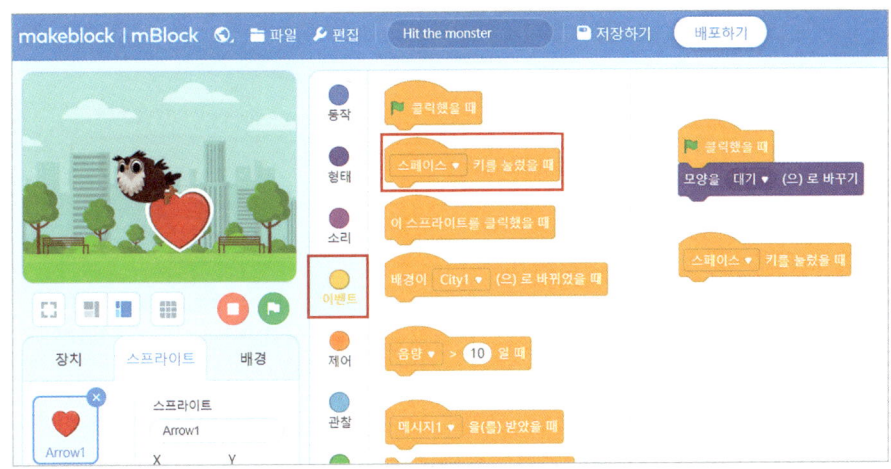

- 올빼미가 '참참참!'이라는 말을 할 수 있는 시간을 주기 위해  블록을 넣어 줘.
- 응, 시간은 2초면 충분하겠지? 2초로 수정 완료!

- 이제 화살표가 내 손동작을 인식하고 방향을 바꾸도록 해야 해. 과 을 연결해.
- 인식결과에 따라 화살표의 모양도 바뀌어야지!

- 다음은 인식한 결과를 올빼미에게 알려 주게 하자. 변수 만들기에서 '사용자선택' 변수를 만들어 줘.

 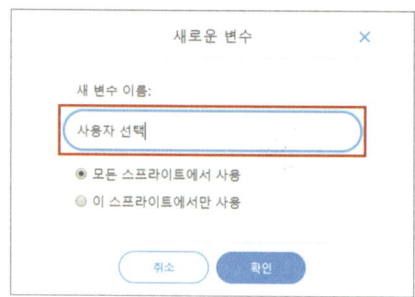

- '사용자선택' 변수에 숫자가 보이지? 이걸로 올빼미에게 신호를 보낼 거야. 숫자 1은 왼쪽, 2는 오른쪽, 3은 위쪽을 뜻해.

- 손동작 인식 결과가 왼쪽일 때, 화살표 모양을 왼쪽으로 바꾸고, 사용자 선택 신호를 왼쪽으로 보내도록 해.

- 블록을 복사해서 손동작 인식 결과가 오른쪽, 위쪽일 때도 만들어 줘.

- 오른쪽, 위쪽일 때도 화살표 모양을 바꾸고 신호를 보내게 만들었어.

- 지금까지 만든 블록들을 연결해 주면 화살표 스프라이트 코딩 완성!

올빼미 스프라이트 코딩하기

- 올빼미 스프라이트도 게임을 시작하기 전 대기상태로 만들어야 해. 와  를 연결해 줘.
- 다음은 ▼을 클릭하고 '대기'로 바꾸어 주면 되지?

- 게임을 시작을 알리기 위해 <스페이스 키를 눌렀을 때> 도 가져와.

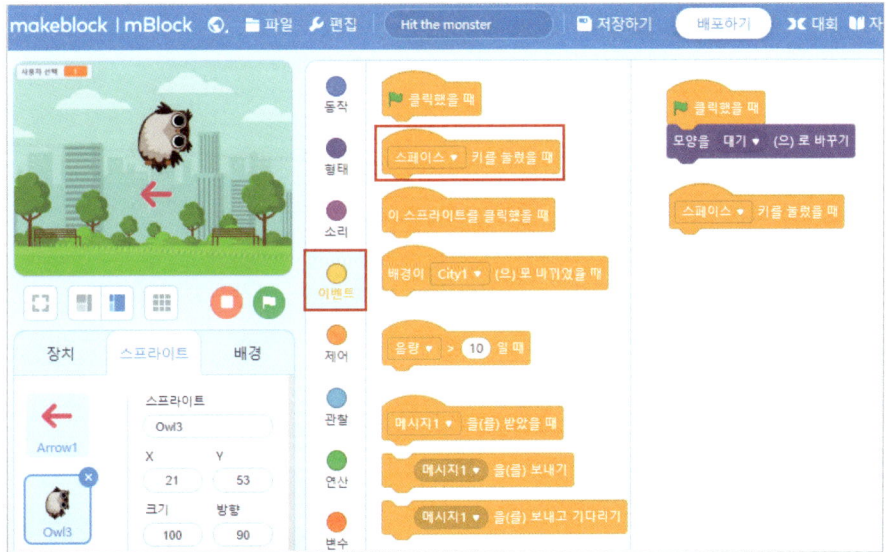

- 스페이스 키를 눌렀을 때 올빼미가 어떤 상태였으면 좋겠어?

- 정면을 보고 '참참참!'이라고 말을 하면 좋겠어.

- 그러면 <모양을 대기로 바꾸기> 와 <안녕! 말하기> 가 필요하겠다. '안녕'을 '참참참'으로 수정해 줘.

- 아! 그리고 '참참참'이라고 말할 시간을 줘야 하니 기다리기 블록을 2초로 수정할게.

- 이제 올빼미가 무작위로 방향을 바꾸도록 할 거야. 변수에서 '올빼미선택' 변수를 만들어 줘.

- 사용자선택을(를) 0 로(으로) 설정하기 에서 사용자 선택을 '올빼미 선택'으로 바꿔주고, 연산 에서 1 부터 10 사이 임의의 수 를 가져와서 10을 3으로 바꿔 줘.

- 왜 10을 3으로 바꿔야 해?

- 올빼미의 모양이 3개잖아. 왼쪽, 오른쪽, 위쪽.

- 이제 ![만약 이(가) 참이면] 와 ![= 50] 을 연결하면 올빼미도 모양이 무작위로 바뀌겠지?

- 올빼미 모양이 1은 왼쪽, 2는 오른쪽, 3은 위쪽이니 ![올빼미선택 = 1] 이면 모양이 왼쪽으로 바뀌도록 해 줘.

- 잘했어! 이제 '오른쪽', '위쪽' 블록도 만들어 주자. 숫자를 1,2,3 설정하는 것 잊지 말고!

- 이제 올빼미와 사용자의 선택이 같다면 '실패!'를 외치고 같지 않다면 '성공!'을 외치도록 코딩하자. 이번엔 ![만약 이(가) 참이면 아니면] 을 사용할 거야.

- 이렇게 하면 되지? 형태(● 형태)에 있는 말하기 블록을 이용해 봤어.

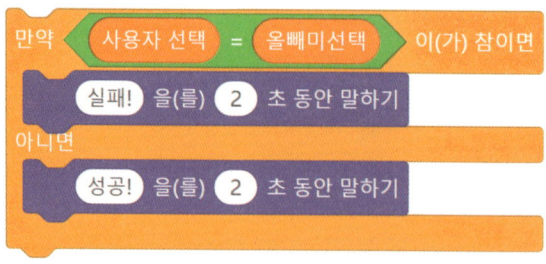

- 응용까지 하는구나. 정말 멋져! 이제 블록들을 전체 연결해 줘.
- 이제 참참참! 게임을 할 수 있는 인공지능이 탄생했다!

코딩 결과	
Arrow1 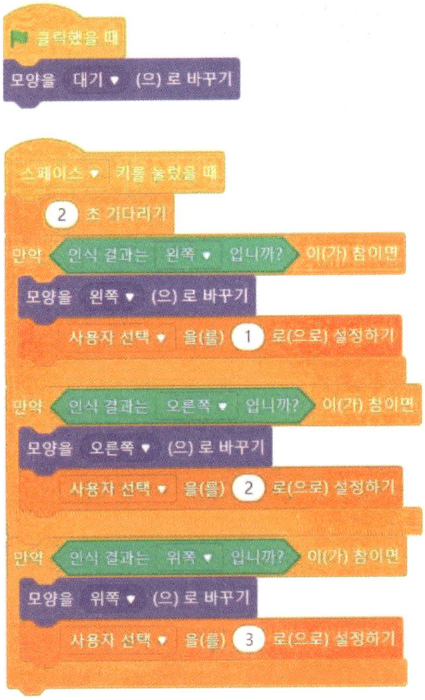	Owl3 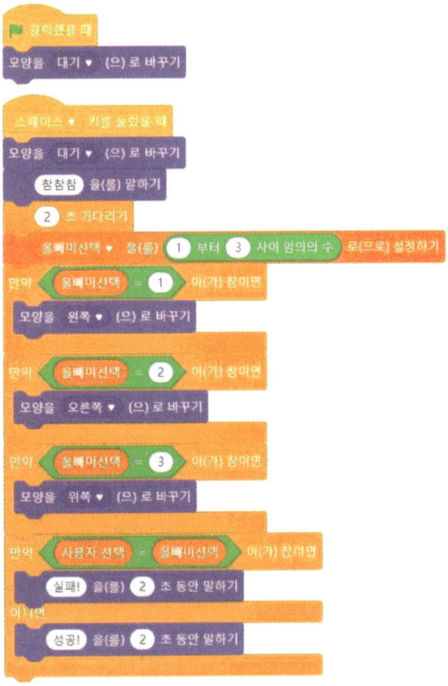

확인하기

-
- 을 클릭하면 인식 창을 크게 볼 수 있어. 을 클릭해서 작동시켜 봐.
- 대기 화면 준비 완료. 이제 '스페이스 키'를 눌러 볼게.

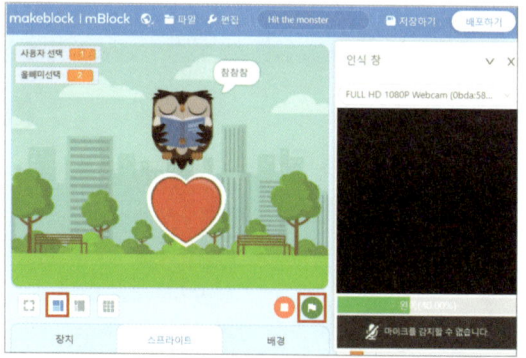

● 참참참! 내 손이 두 번 다 왼쪽으로 갔는데 올빼미는 오른쪽, 위쪽을 바라보네. 잘 피했다고 성공이라고 말하고 있어.

● 참참참!!! 내가 할 때는 한 번은 실패, 한 번은 성공했어.

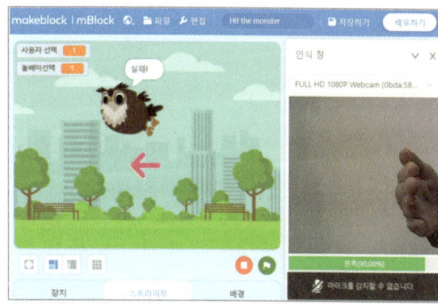 

● 게임이 모든 경우에 잘 작동하고 있어. '참참참' 프로젝트 완성!

인공지능의 실수

학습목표	인공지능이 실수하는 프로젝트를 만들어 보고 그 이유를 생각해 봅시다.
준비물	– 엠블록 – 볼펜 – USB – 서로 다른 색종이 3장 – 칫솔 – 웹캠
학습시간	30분
프로젝트의 특징	이 프로젝트는 엠블록에서 사용할 수 있는 확장 블록 중 '기계학습'을 사용합니다.

프로젝트 순서				
생각하기	준비하기	학습&평가	만들기	확인하기
• 인공지능 프로그램 계획	• 엠블록 로그인 • 확장블록 추가	• 카테고리 생성 및 데이터 입력 • 입력결과 테스트	• 코딩 순서 생각하기 • 스프라이트 추가하기 • 스프라이트 코딩하기	• 인공지능 프로그램 실행 • 수정·보완

생각하기

- 티봇~ 이제까지 인공지능 도구들을 활용해서 여러 가지 프로젝트들을 만들었잖아. 인공지능이 이렇게 유용한지 몰랐어.
- 좋은 경험이 된 것 같아 다행이야. 혹시 인공지능 프로젝트들을 만들면서 궁금한 점이 있었어?
- 아, 있어! 인공지능은 항상 이렇게 똑똑한 거야? 실수하진 않아?
- 인공지능도 실수하지. 하지만 그 실수가 우리가 생각하는 실수와 조금 다르긴 해. 인공지능이 어떻게 실수를 하는지 함께 살펴볼까?
- 좋아! 이렇게 똑똑한 인공지능도 실수한다니 너무 궁금해!
- 그럼 인공지능의 실수를 알아 보러 출발!

준비하기

- 엠블록에 로그인할게! https://www.mblock.cc

- 필요 없는 스프라이트를 삭제하고 확장 센터에서 기계학습을 추가해.

- ●TM 블록이 생긴 것까지 확인 완료!

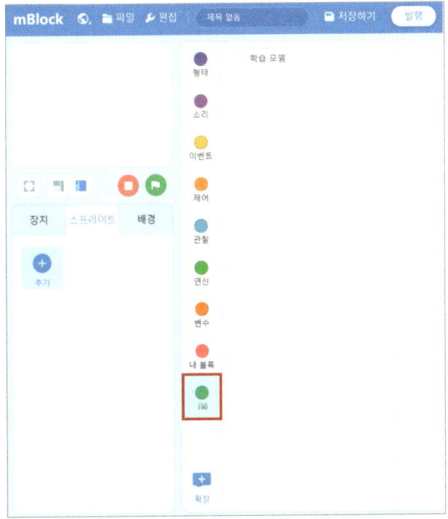

학습&평가

- 학습 모델을 클릭해서 모델 카테고리를 만들자.
- 인공지능이 무엇을 실수하게 할 거야?
- 칫솔, 볼펜, USB를 학습시켰는데 인공지능이 제대로 맞추지 못하게 만들 거야.
- 재밌겠다. 그럼 모델 카테고리는 '칫솔', '볼펜', 'USB' 3개가 필요하네.

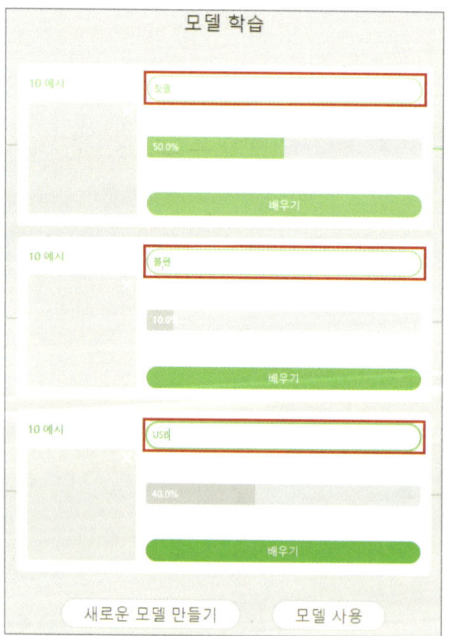

- 이제 칫솔, 볼펜, USB를 준비해서 사진 촬영해야지.
- 필요한 준비물이 더 있어. 서로 다른 색의 색종이도 3장 필요해.
- 색종이?

- 응, 색종이가 인공지능이 실수하게 만드는 핵심 준비물이야.
- 오~ 정말 중요한 준비물이네! 서로 다른 색이라고 했으니 나는 회색, 주황색, 초록색으로 3장 준비할래.

> 준비물은 칫솔, 볼펜, USB 대신 자신이 원하는 물건으로 변경해도 됩니다. 또한 색종이의 색깔도 원하는 색으로 변경 가능합니다.

- 준비물이 준비되었으면 이제 사진을 찍자. '회색 색종이 + 칫솔', '주황색 색종이 + 볼펜', '초록색 색종이 + USB' 이렇게 세 가지 방법으로 사진을 찍어 줘.
- 사진 촬영 완료! 각 카테고리 별로 사진은 10장씩 입력했어.

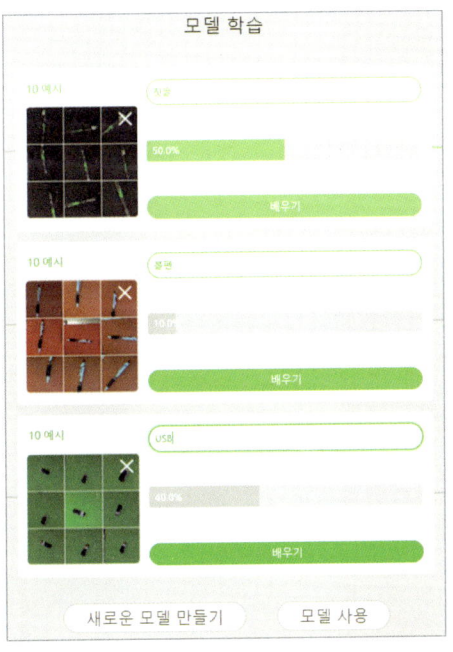

- 촬영이 끝났으면 결과를 확인해 봐. 결과가 잘 나오면 모델 사용을 클릭해서 프로그램을 만들어 보자.

- 결과가 잘 나왔네!

만들기

- ●에 인공지능 블록이 새로 생겼어.
  TM

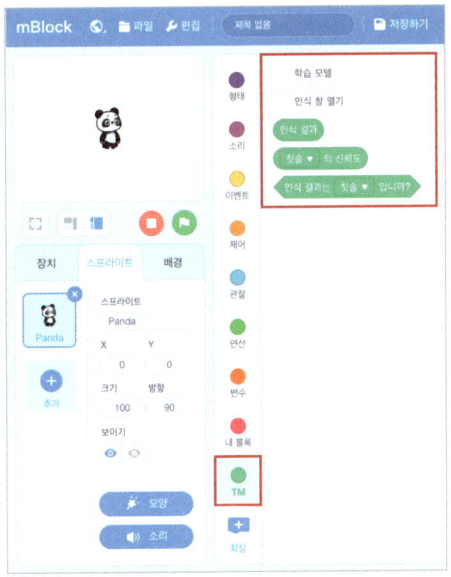

코딩 순서 생각하기

- 인공지능의 실수에서 필요한 스프라이트와 코딩 순서는 뭐야?
- 스프라이트는 판다만 있으면 돼. 코딩 순서는 판다가 물건을 궁금해하면 우리가 물건을 보여 주고 판다가 맞추는 순서로 코딩을 하면 돼.

필요한 스프라이트	– 판다 스프라이트
프로그램 코딩 순서	① 판다가 "이게 뭘까?"라고 묻고 기다리기 ② 웹캠으로 물건을 인식시키기 ③ 인공지능이 무엇인지 판단하기 ④ 판단 결과를 판다가 말하기

스프라이트 추가하기

- 인공지능의 실수는 판다 스프라이트만 이용하면 되니까 새로 추가할 스프라이트는 없어.
- 그래? 그럼 바로 스프라이트 코딩하기로 넘어가자.

스프라이트 코딩하기

- 프로그램이 시작되면 먼저 판다가 궁금해하는 말을 해야 해. 판다가 "이게 뭘까?"라고 말하게 코딩해 봐.
- ▨ 와 ▨ 블록을 연결하면 되지? 판다가 하는 말도 바꿨어.

- 이제 인식되는 물건이 무엇인지 판다가 판단하는 코딩을 해 보자. ▨ 블록이 필요해.
- '인식 결과는 ~입니까?'라고 판단해야 하니 ▨ 블록도 필요하네.

- 인식 결과가 칫솔이면 어떻게 해야지?
- 칫솔이라고 대답하게 만들어야지.

```
만약 <인식 결과는 [칫솔▼] 입니까?> 이(가) 참이면
    (이건 칫솔이야) 을(를) 말하기
```

- 인식 결과가 볼펜, USB일 때의 대답도 코딩해 줘.

```
만약 <인식 결과는 [볼펜▼] 입니까?> 이(가) 참이면
    (이건 볼펜이야) 을(를) 말하기

만약 <인식 결과는 [USB▼] 입니까?> 이(가) 참이면
    (이건 USB야) 을(를) 말하기
```

- 이제 우리가 만든 블록들을 전부 연결하면 완성~!

```
▶ 클릭했을 때
    (이게 뭘까?) 을(를) 2 초 동안 말하기
    만약 <인식 결과는 [칫솔▼] 입니까?> 이(가) 참이면
        (이건 칫솔이야) 을(를) 말하기
    만약 <인식 결과는 [볼펜▼] 입니까?> 이(가) 참이면
        (이건 볼펜이야) 을(를) 말하기
    만약 <인식 결과는 [USB▼] 입니까?> 이(가) 참이면
        (이건 USB야) 을(를) 말하기
```

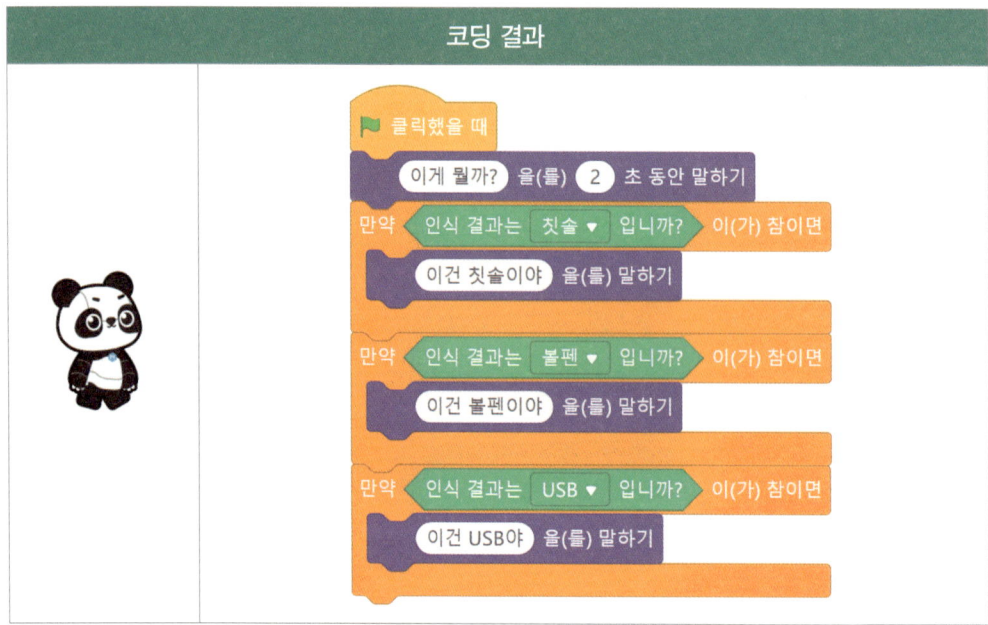

확인하기

- 인공지능이 실수하는지 테스트해 보자.

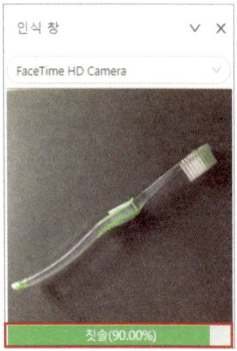  

- 어? 인공지능이 실수하지 않는데?
- 인공지능이 실수하려면 한 가지를 변경해 줘야 해. 가장 중요한 준비물이 무엇이었지?
- 음…, 색종이?
- 맞아. 테스트할 때 칫솔, 볼펜, USB를 없애고 색종이만 카메라에 가져가 봐. 무엇으로 인식하니?

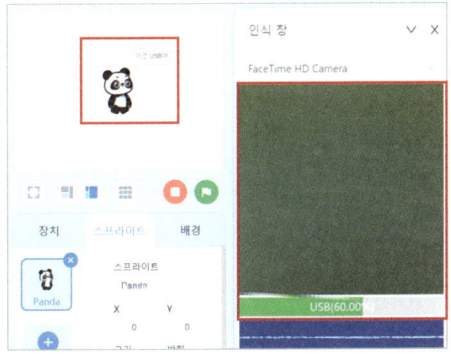

- 앗! 그냥 초록색 색종이인데 USB로 인식하네.
- 주황색 색종이는 볼펜으로, 회색 색종이는 칫솔로 인식했어.

 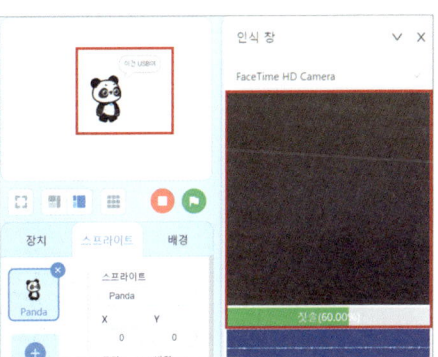

- 색종이만으로 칫솔인지, 볼펜인지, USB인지 맞추고 있지?

- 응, 왜 그런 거야?

- 인공지능이 사람과 조금 다른 점이 있어서 그래. 사람은 카메라로 사진을 찍을 때 배경보다는 물체를 주인공으로 생각하잖아?

- 당연한 거 아니야? 그런데 인공지능은 다르게 생각해?

- 인공지능은 배경과 물체를 구별하지 않고 똑같이 중요하게 인식해. 오히려 사진에서 배경이 크면 배경을 더 중요하다고 인식할 수도 있어.

- 아! 그래서 결과가 그렇게 나왔구나. 칫솔, 볼펜, USB보다 색종이가 더 컸으니까 색종이 색깔에 따라 물체가 무엇인지 판단했네?

- 그렇지. 그래서 '인공지능의 실수'라고 하는 거야.

- 그럼 아까 볼펜을 촬영할 때 '주황색 색종이 + 볼펜'으로 촬영했잖아. 만약 '회색 색종이 + 볼펜'으로 테스트하면 어떻게 될까? 이때도 인공지능이 실수할까?

- 아주 좋은 질문인걸! 한번 해 볼까?

- 어, 분명히 볼펜인데 칫솔이라고 하네. 정확도가 60%밖에 되지 않는 걸 보니 인공지능도 헷갈리나 봐. 그래도 볼펜보다 회색 색종이를 중요하게 인식했으니 칫솔이라고 대답하겠지?

- '주황색 색종이 + USB'는 다행히 USB로 얘기하네. 하지만 여전히 정확도는 60%야. '초록색 색종이 + 칫솔'도 60%의 정확도로 칫솔로 얘기해. 이런 경우에는 인공지능도 헷갈려서 실수할 수 있겠다.

 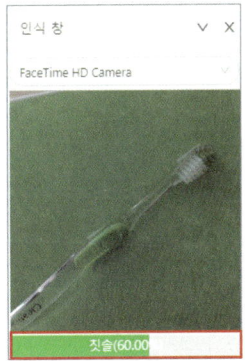

- 인공지능은 물체와 배경에서 더 크게 인식되는 부분이 무엇인지에 따라 물체가 무엇인지 판단해. 그래서 헷갈려서 실수할 때도 많아.
- 인공지능의 실수를 줄이려면 어떻게 해?
- 물체를 더 중요하게 인식하도록 배경의 영향을 줄이면 되겠지?
- 배경을 없애거나 똑같은 색깔의 색종이를 배경으로 사용하면 돼?
- 응, 그러면 인공지능이 실수하지 않고 정확히 판단할 수 있어.
- 결국, 인공지능의 실수가 아니라 학습을 정확히 시키지 않은 사람의 실수인 거네?
- 맞아, 인공지능은 학습한 대로만 판단하니까 우리가 학습을 잘못시킨 거지.
- 그렇구나. 다음에 인공지능을 학습시킬 때는 어떤 걸 주의해야 하는지 알겠어. 고마워 티봇!

인공지능에 한 발짝 다가가게 된 것이 느껴지나요?
이제 여러분 혼자서도 멋진 인공지능을 만들 수 있을 거예요.
지금까지 배운 내용을 바탕으로 나의 실력을 점검하여 봅시다.

도전!
인공지능 만들기

스마트 하우스 만들기
동물 소리 구별하기
똑똑한 분리배출

스마트 하우스 만들기

학습목표	명령에 따라 자동으로 불을 켜고 끄는 인공지능을 만들어 봅시다.
준비물	– 머신러닝포키즈 – 스크래치 3.0
학습시간	30분
프로젝트의 특징	이 프로젝트는 머신러닝포키즈에서 사용할 수 있는 학습 훈련 데이터 중 '텍스트' 데이터를 활용합니다.

프로젝트 순서			
생각하기	준비하기	스스로 만들기	확인하기
• 인공지능 프로그램 계획	• 프로젝트 생성 • 레이블 생성	• 학습 훈련 데이터 입력 • 머신러닝 훈련 및 결과 확인 • 스프라이트 추가 및 코딩	• 인공지능 프로그램 실행 • 수정·보완 • 코딩 예시 참고

생각하기

- 티봇! 이번에 인공지능에 대해 공부해 보니 인공지능이 나를 대신해서 여러 가지 일들을 해 줄 수 있을 것 같아.
- 그래서 이미 인공지능을 이용한 다양한 생활용품들이 이미 나왔어. 예를 들어, 인공지능 스피커를 본 적 있니?
- 아! 본 적 있어. 신기했던 것은 '스피커 켜 줘'.라는 말뿐만 아니라 '노래 틀어 줘.', '노래 듣고 싶어.'라는 말을 알아듣고 실행해 주더라.
- 우리도 집에서 쓸 수 있는 인공지능을 만들어 볼까?
- 정말! 어떤 걸 만들거야?
- 생활 속에서 불편했던 점을 생각해 봐.
- 나는 침대에 누웠는데 불이 켜져 있을 때 누가 대신 불을 꺼줬으면 하고 생각해.
- 나도 그런 적이 있어. 그럼 불을 켜고 끄는 걸 대신해 주는 인공지능을 만들어 볼까?

생각하기

- 내가 원하는 프로젝트 이름을 입력할게. 인식 유형은 무엇으로 하면 돼?
- 불을 켜고 꺼 달라고 말로 하니까 '텍스트'와 '소리' 중 하나로 하면 돼.
- 나는 인식 유형을 '텍스트'로 할래. 불을 켤 때 레이블과, 불을 끌 때 레이블 2개를 만들면 되겠지?
- 레이블은 영어로만 가능하니까 'light_on', 'light_off' 이렇게 만들어 주자.
- 불을 켤 때, 불을 끌 때 사용하는 여러 가지 말을 입력해야지.

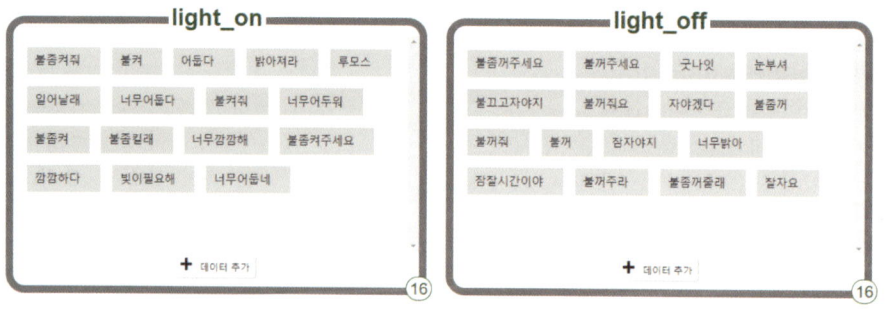

> 여러분은 어떤 스마트홈 기능을 만들고 싶은가요?
> 자동으로 불을 켜고 끄는 기능, 집안의 온도를 맞추는 기능 등
> 자신이 원하는 기능을 생각해 봅시다.

스스로 만들기

- 데이터 입력이 끝났으면 인공지능을 학습시켜야지?
- 그리고 스크래치 3.0으로 들어가서 스마트 하우스 프로그램을 코딩해야 해.

스스로 코딩을 해 봅시다.

- 프로그램 코딩이 다 끝났니?
- 명령에 따라 프로그램이 잘 작동하는지 확인해 보자.

확인하기

- 완성된 프로그램을 테스트해 보자. 만약 오류가 있다면 이유를 찾아서 수정도 해야 해. 다음의 코딩 예시도 참고해 보자.

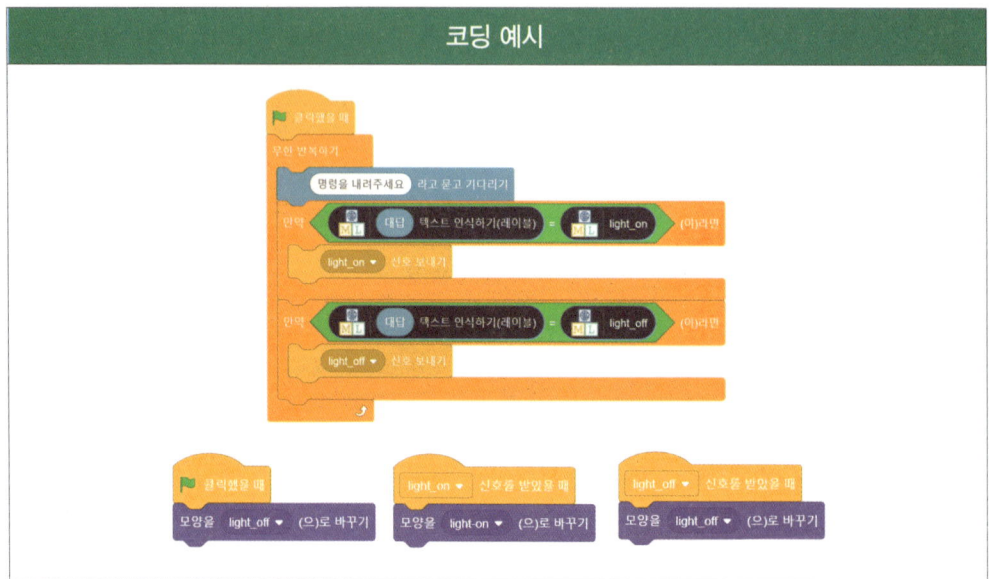

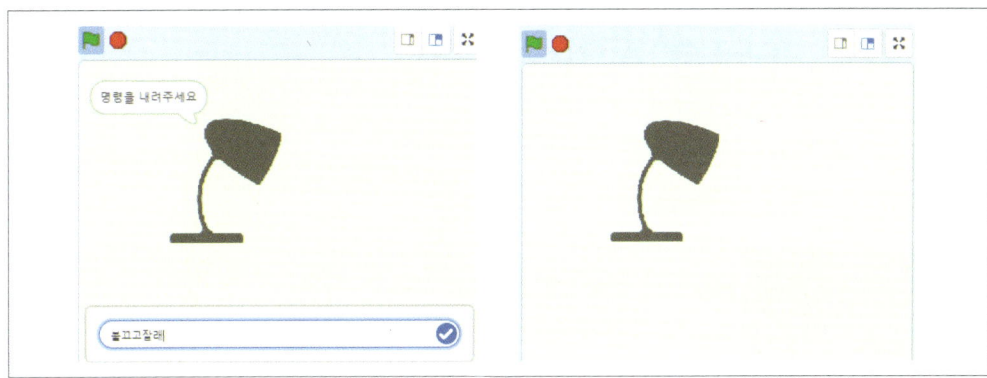

동물 소리 구별하기

학습목표	동물의 울음소리를 듣고 어떤 동물의 울음소리인지 구별하는 인공지능을 만들어 봅시다.
준비물	– 머신러닝포키즈 – 스크래치 3.0 – 마이크 – 동물 울음소리(유튜브 활용)
학습시간	30분
프로젝트의 특징	이 프로젝트는 머신러닝포키즈에서 사용할 수 있는 학습 훈련 데이터 중 '소리' 데이터를 활용합니다.

프로젝트 순서			
생각하기	준비하기	스스로 만들기	확인하기
• 인공지능 프로그램 계획	• 프로젝트 생성 • 레이블 생성	• 학습 훈련 데이터 입력 • 머신러닝 훈련 및 결과 확인 • 스프라이트 추가 및 코딩	• 인공지능 프로그램 실행 • 수정·보완 • 코딩 예시 참고

생각하기

- 티봇! 뭐 하고 있어?
- 지금 유튜브에서 '동물의 왕국'을 보고 있어. 동물들의 생활을 보여주는 내용이야.
- 우와, 재밌겠다. 같이 보자! 어? 이 울음소리 많이 들어봤는데….

- 사자인가, 호랑이인가. 헷갈린다. 나의 정답은 사자!
- 아쉽지만, 호랑이였습니다.

- 동물 울음소리는 너무 헷갈린단 말이지.
- 그러면 동물 울음소리를 구별하는 인공지능을 만들어 볼까?
- 재밌겠다. 얼른 만들어 보자!

준비하기

- 동물 소리 구별하기는 '소리' 데이터를 사용해야 하니까 머신러닝포키즈에서 만들자. '문 열어, 문 닫아' 프로젝트와 연결해서 생각하면 쉬울 거야!
- 일단은 프로젝트 이름을 적고… 인식방법은 '소리'로 설정해서 프로젝트를 만들게.
- 레이블은 어떤 동물로 하고 싶어?
- 호랑이, 강아지, 고양이, 닭 이렇게 네 가지 레이블을 만들고 싶어.

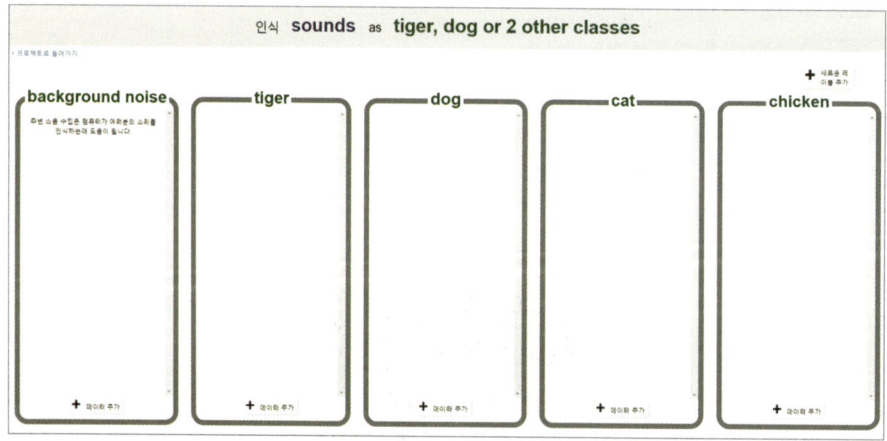

> **여러분은 어떤 레이블을 만들고 싶은가요?
> 자신이 원하는 동물로 레이블을 만들어 봅시다.**

스스로 만들기

- 이제 레이블별로 동물 소리를 입력하고 스크래치를 활용해서 코딩해야 해.
- 유튜브에서 동물 소리를 틀어서 녹음하면 되지?
- 스마트폰으로 동물 소리를 틀어놓고 머신러닝포키즈에서 녹음하면 데이터를 추가할 수 있어.
- 데이터 학습이 완료되면 스크래치에서 코딩하자.

스스로 코딩을 해 봅시다.

- 프로그램 코딩이 다 끝났니?
- 명령에 따라 프로그램이 잘 작동하는지 확인해 보자.

확인하기

-

- 완성된 프로그램을 테스트해 보자. 만약 오류가 있다면 이유를 찾아서 수정도 해야 해. 다음의 코딩 예시도 참고해 보자.

코딩 예시

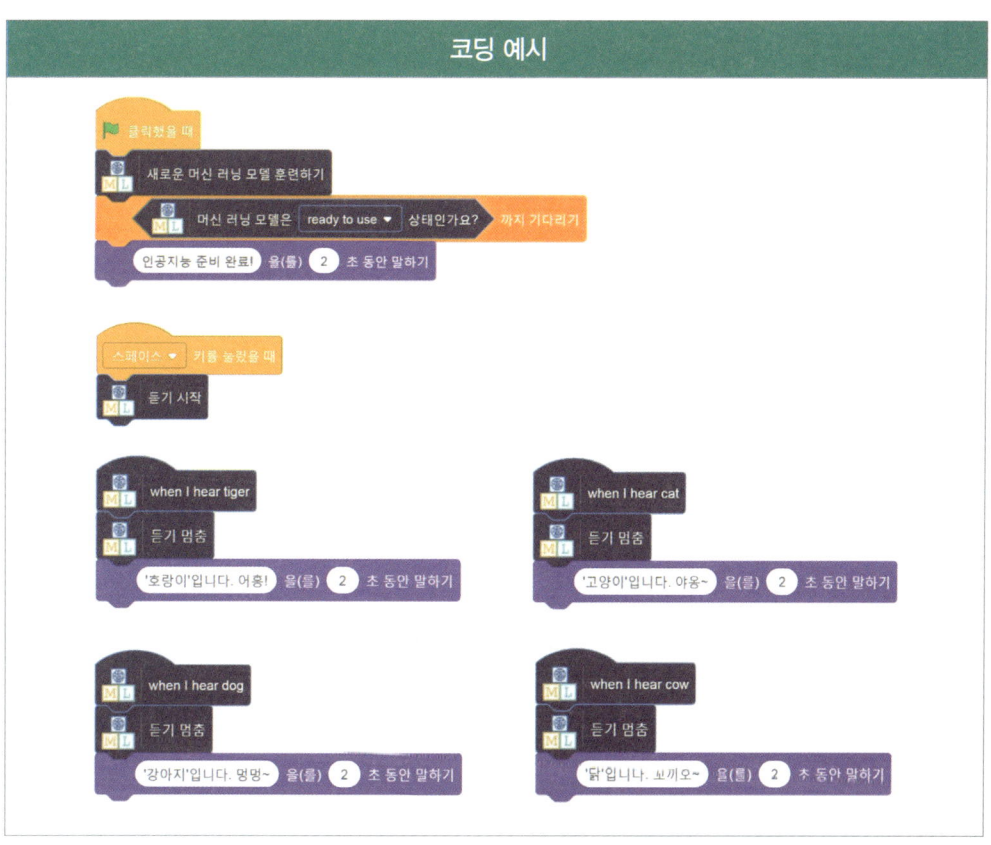

실행화면

263

 **똑똑한 분리배출**

학습목표	재활용 쓰레기를 바르게 분리 배출하는 인공지능을 만들어 봅시다.
준비물	– 머신러닝포키즈 – 스크래치 3.0
학습시간	30분
프로젝트의 특징	이 프로젝트는 머신러닝포키즈에서 사용할 수 있는 학습 훈련 데이터 중 '이미지' 데이터를 활용합니다. 인터넷 이미지 검색을 통하여 이미지 자료를 수집할 수 있습니다.

프로젝트 순서			
생각하기	준비하기	스스로 만들기	확인하기
• 인공지능 프로그램 계획	• 프로젝트 생성 • 레이블 생성	• 학습 훈련 데이터 입력 • 머신러닝 훈련 및 결과 확인 • 스프라이트 추가 및 코딩	• 인공지능 프로그램 실행 • 수정·보완 • 코딩 예시 참고

생각하기

- 우리야! 매일 하는 일 중에 인공지능이 대신해 줄 수 있는 게 있을까?
- 매일 하는 일? 숙제? 공부?
- 숙제나 공부를 인공지능이 해 주다니! 그런 건 대신해 주면 의미가 없잖아.
- 그건 그렇지. 그럼 청소? 분리배출?
- 분리배출! 정말 좋은 생각이다. 분리배출을 주제로 인공지능을 만들어 보는 건 어때?
- 좋아~ 출발!

준비하기

- 분리배출을 인공지능에게 학습시키려면 어떻게 해?
- 우리 주변에서 분리배출하는 종이류, 금속류, 플라스틱 등을 찾아서 웹캠으로 사진을 찍어야지!
- 집이나 학교에서 쉽게 찾을 수 있는 물건들로 하면 좋겠네. 매일 버리는 물건들을 떠올려 봐.
- 폐지, 플라스틱 병, 참치 통조림, 음료수 캔, 택배 상자 등이 있어.

| 이면지 | 플라스틱 병 | 참치 통조림 | 음료수 캔 | 택배 상자 |

- 분리배출 물건을 정했으면 프로젝트를 생성해 볼까? 인식 유형은 사진을 활용할 거라 이미지로 하면 좋을 것 같아.
- 알겠어! 프로젝트를 생성했어. 이젠 분리배출 종류를 알려주고 훈련 시켜야겠지? 분리배출 종류에 따라 레이블을 만들자. 우리 교실에는 종이류, 금속류, 플라스틱 이렇게 세 가지 분리배출함이 있어. 3종류의 레이블을 만들어서 훈련시킬래.
- 레이블은 영어로만 가능하니까 'Paper', 'Can', 'Plastic' 이렇게 만들어야겠네.

여러분은 어떤 레이블을 만들고 싶은가요?
자신이 원하는 분리배출 항목으로 레이블을 만들어 봅시다.

스스로 만들기

- 이제 인공지능을 학습시켜야지?
- 각 물건을 분리배출 종류별로 나눠서 사진을 찍고 인공지능에게 학습시켜야 해!

- 엠블록을 활용하면 물건 사진을 간편하게 촬영할 수 있어!
- 그런데 만약 집에 물건이 별로 없으면 어떻게 해? 레이블별로 10가지 이상은 학습시켜야 인공지능이 똑똑해지잖아.
- 그때는 인터넷을 검색해서 사진을 입력할 수 있어.
- 인터넷 검색 사진을 활용하려면 엠블록에서는 안 되겠네.
- 잘 기억하네. 인터넷 사진을 활용하려면 머신러닝포키즈를 활용하는 것이 좋아.

> 어떤 이미지를 활용하는지에 따라 사용할 수 있는 인공지능 도구가 달라집니다. 만약 인터넷 사진을 활용한다면 머신러닝포키즈를, 직접 찍은 사진을 활용한다면 엠블록을 사용하는 것이 좋습니다. 머신러닝포키즈로도 사진을 촬영할 수 있지만, 훈련 속도가 느리기에 직접 사진 촬영은 엠블록을 권장합니다. 인공지능을 훈련시키기 전에 미리 자신이 활용할 이미지를 생각해 보면 더 효율적인 인공지능 도구를 선택할 수 있습니다.

- 레이블별로 분리배출 물건을 10가지 이상씩 학습시킬 거니까 인터넷 검색을 활용할래. 머신러닝포키즈에서 프로그램을 만들어야겠다.
- 좋아! 이미지 검색은 어떻게 할 거야?
- 구글에서 '플라스틱', '캔', '종이'라고 검색해서 나오는 사진 중 분리배출에 어울리는 사진들을 이용할 거야.
- 계획을 다 세웠으니 학습 훈련 데이터 입력부터 스크래치 코딩까지 스스로 해 보자!
- 알았어. 기대하라고!

스스로 코딩해 봅시다.

- 프로그램 코딩이 다 끝났니?
- 명령에 따라 프로그램이 잘 작동하는지 확인해 보자.

확인하기

- 완성된 프로그램을 테스트해 보자. 만약 오류가 있다면 이유를 찾아서 수정도 해야 해. 다음의 코딩 예시도 참고해 보자.

코딩 예시

실행화면